五井昌久

内なる自分を開く

本心開発メソッド

白光出版

著　者（*1916～1980*）

刊行にあたって

人間とはいったい如何なる者なのでしょうか。著者の五井昌久先生は、人間は本来、神の分《わけ》生命《いのち》であり、内に神そのものの力を持っている、と説いています。

五井先生は、大正五年、東京の浅草に生まれ、文学、音楽を学んだのち、第二次世界大戦後、宗教活動を始めました。そして想念停止という厳しい霊的修行をへて、神我一体を体験されました。「その時以来、私は光そのものとしての自己を観じ、私の内部の光を放射することによって、悩める者を救い、病める者を癒しているのである」とは、五井先生の言葉です。

やがて、五井先生を慕い、師と仰ぐ人々によって、昭和三十年、白光真宏会が組織され、五井先生は主宰者として、人間存在の深みに立って、誰もがやさしく、日常生活の中で、神の子としての素晴らしい力を発揮する方法を教導されました。それが、守護霊守護神への感謝行と消えてゆく姿で世界平和の祈りの教えです。

第五章の「あなたは創造主」の中で、「神様の世界は完全円満であって、自分は神の子だから、素晴らしい能力があるんだ、ということを信ずることなんですよ。ところがそういわれても信じられないから、信じて行なっている私のような人を信じよう、ということになるわけです」と述べています。

自分が神の子であって、無限の力を持っているということを信じられる人は、誰にも頼る必要はありません。しかし、自分では神の子の力を出せないと思ったら、五井先生のような先覚者の教えを信じることをお薦めします。五井先生の教えを実践してゆくうちに、人間の存在の深みに参入でき、人間が神の子であることを実感できるようになるでしょう。そしてやがて、自分自身を深く信じられるようになり、自分の人生が輝かしいものに変わっていくことでしょう。

本書は、昭和三十年代から五十年代初めにかけて、千葉県市川市にあった聖ヶ丘道場の統一会で話された講話の中から、人間の本質、守護霊守護神、消えてゆく姿、世界平和の祈り、本心開発に関するものを選び、編集したものです。五井先生のことを知っていただくために、序章として、「わが人生」という講演録も収めています。

五井先生の教えを実践している人は、本心が開発され、それぞれの個性を生かしながら、常識を外れず、常識を超えた生き方をしています。

なお、五井先生が望んでいる人間の理想像を知っていただくために詩を一篇、紹介いたします。

平成十八年一月吉日

編集部

こんな人こそ

五井昌久

人の幸福《しあわせ》を自分のことのように喜び

人の悲しみを自分の悲しみのように悲しむ
それでいてその喜びに把《とら》われる想いをもたず
その悲しみに沈みこむ愚かしさもない
自分のしたどんな善いことにも
他人のしたどんな悪いことにも
いつまでも想いがとどまらずに
何んでも可でも神様が善いようにして下さると信んじきっている
それでいながら
善い事柄ならどんな小さなことでもおろそかにせず
少しの悪い行為をも即座に消し去ろうと努める
心はいつでも青空のように澄んでいて
体中から温かいほほえみが一杯溢ふれている
その心にはいささかの誇る想いもなければ人をさげすむ想いも無い
ただ心の奥底から湧きあがってくる世界平和の祈りの中で
生命《いのち》生き生きと生きている
そんな人々が世界中から沢山育《は》ぐくまれてくることを
私は
平和の祈りをしつづけながら願っている

目次

刊行にあたって　1

序章　わが人生―ひたすら人を愛し　世界の平和を願って―10

第1章　人間は神の分生命

肉体人間観からの解脱……44

人間はどうして神の子なのか……56

神の分霊の人間にどうして業想念が生じたのか……65

第2章　守護霊守護神について

神と人間との関係……………72
神愛の代行者……………93
神様に生かしていただく……………111
守護霊守護神と平和の祈り……………117
質疑応答……………123
・神様にお任せしながら全力を尽くすとは……。 123
・守護霊守護神がついているのに、なぜ人間は悪行為をするのか？ 124
・人間が死ぬと守護霊守護神は離れるのか？ 125
・動物にも守護霊守護神が守っているのか？ 126
・守護霊守護神への感謝と世界平和を祈ることは、どちらが先でもいいか？ 130

第3章　消えてゆく姿について

消えてゆく姿の使い方……136
真の救われと消えてゆく姿……165
消えてゆく姿で世界平和の祈り……176
消えてゆく姿の行じ方……184

第4章　世界平和の祈りについて

祈りについて……194
祈りの真髄……199
神と人と一つになる祈り……208
質疑応答……221
・祈っているのは本心か業生か……。221

第5章　本心を開くために

神様の世界に入る……228
統一実修とは何か……239
本心を開く……254
あなたは創造主……261
質疑応答……273
・悟りの境地とは……。273
・悟っても個性は続くのか？276

ブックデザイン・渡辺美知子

序章

わが人生

●東京講演会抄録

わが人生

――ひたすら人を愛し　世界の平和を願って――

終戦の前後

私は若い時には今のような信仰ではありませんでした。神様は完全円満で絶対者であり、宇宙を創り、人を創ったけれど、個別に働くことはなく、いろいろと人間に干渉したりすることはないんだ、という信仰観だったのです。神様は善であり、美であり、真《まこと》であり、その極致であるから、自分は神様に近づくために一生懸命、美しい心になり、優しい心になり、勇気のある人間になり、いいことをして人のために尽くして、それでこの世を全《まっと》うしていこう、という考えでありました。これはまあまあいい考え方です。

ところが終戦になりはじめた頃、負ける手前頃からなんか霊感のようなことが湧いてきた。その頃は日立製作所亀有《かめあり》工場にいまして、放送や音楽を指導していたり、防衛団というのがありまして、工場長のわきにいまして、工場の防衛の伝達をしていたのです。真剣に一生懸命工場を守っていたわけです。

東方海上より敵一機襲来せり、と放送伝達をしていたのですが、敵機が何機来るかということがスーッとわかるんです。今ラジオ放送している内容がわかってくる。ですからラジオで放送しているとまだラジオが終わらないうちに、私の放送が全工場に伝わるように、まるで一つになって伝わっているように、知らない間になってきたんです。

昔のお坊さんが若い頃から坐禅を組んで立派になったのと違いまして、仕事の中で真剣に働いているうちに、だんだん霊感になってきた。しかし自分では霊感とは思わないんです。自分は頭がよくまわるんで、言わないうちにわかっちゃうんだと思っていました。

そして終戦になりまして日立をやめ、音楽のグループを作りました。ところがそれがジヤズになり、キャバレーなどで演奏することになったのですが、私はとてもそういうようなことはやっていけない、歌う気になりません。それで歌もやめました。それからお金が入らないので、楽器やレコードなどみんな売って売り食いをしていまして、その売り食いのお金もなくなってきた。働かざる者食うべからずだから、私は食べなかった。食べなくて死ぬものだったら食べなくてもいいんだ、神様のみ心ならば、この男に何か仕事があるならば、天命があるならばこのまま生かしておいてくださる、だから食べなくていい。これは一燈園の西田天香さんもそうなのですね。食べないで一生懸命、霊修行したわけです。霊修行といっても人の病気を救いにいったり、いろいろしたわけです。その間に一回勤めましたけれど、そうしまして、そうですね、二ヵ月くらいは水だけ飲んで暮らしていたことがあるんです。

ですから、私の体験としましては、人間というものは食べなければ生きられないものではない。人はパンのみによって生くる者にあらず、でね。その信念さえあれば、相当長時間食べなくても生きられるものなのです。それは何故かといいますと、ふつう肉体に五尺何寸と現われている者が人間だと思いこんでいるけれど、そうではない。人間というものは肉体に現われている。現われている本体はどこにあるかというと、神様のみ心の中にある。今あの映画（天と地をつなぐ者）の最後に私が衣冠束帯で現われましたね。自分ながらなかなか神々《こうごう》しいなあ（笑）と思いました。本当に神我一体の境地になって統一して写した映画なんです。ですからあの中には、人間がいるんではなくて、神様が本当にいるんです。肉体の五井昌久じゃないんです。

人間は肉体を持った霊である

こうやって話をする人間は肉体を持っています。しかし話はどこから出てくるかというと、肉体の頭の中を通ってきますけれども、実は神界のほうから肉体を通って話が出てくる。ですから私は話をする場合には、今日はなんの話をしようかなどと考えたことはありません。この場に立ちまして口から出てくることを、流れ出てくるままに真理の言葉を話しているわけです。

五尺何寸の人間がここにいるけれど、それは五十年、八十年ぐらいでこの世から消えてしまう。肉体は焼かれて骨になり、粉になってしまう。そうしますと、粒々辛苦《りゅうりゅうしんく》して勉強し事業をして、お金を残すこともあるでしょう。地位を得ることもあるでしょう。しかし、八十年くらいで粉になっておしまいだったら……、よくそれで平気でいられると思う。唯物論者の人たちなどはそれでおしまいだと思っている。

この永遠の生命の中で、ちょっと八十年、百年ポコンと現われて、そのままでなくなってしまうようなものだったら、どんなに悪いことをしたっていいから、お金をためて、好き放題なことをし、食べ放題して、ぜいたく三昧してやっていけば、それですむようなものだけれど、それでは中の奥なる心がゆるさない、良心がゆるさない。なにかしら人のために尽くしたい、なにかしら国家や人類のために尽くしたいという気持ちがあります。いい行ないをしたいというものがあります。それはどこから来るかというと、肉体の頭の中から来るのではなくて、本心から、神のみ心が良心として現われてくるわけです。

本心から現われてくるひびきが、なにか人のために尽くしたい、なにか有益な仕事をしたいというものが、強烈に働く人と、弱い人があります。強烈にある人は本心がうんと開いている人なのです。なんだっていいや、自分だけ安全ならいいや、自分だけよけりゃいい、というふうに自分だけのことを考えている人は本心が包まれている。

何故かといいますと、本心というのは神のみ心の中に入っている。神のみ心というのは、全人類がすべてその中に一つに包含されています。神とは何か、大宇宙に遍満する満ち充ちている大生命である。大智恵、大能力である。絶対者、一《いつ》なる者である、ということです。そこから分かれ分かれになって生まれてきている。

宇宙神というのがある。その中に人類として現われてくる直毘《なおび》というのが七つあります。その他に植物を司る神、動物を司る神、鉱物を司る神、宇宙の運行を司る神々、八百万《やおよろず》の神々と神道ではいっていますが、神々が各々の働きをそこに示して、この宇宙は成り立っているわけです。

大自然と一口にいいます。唯物論者でも自然ということはいいます。ただ智恵もなんにもないものが、自然に動いているんだったらどこかに間違いがあって、地球と太陽がぶつかったり、ということになりかねない。星がこの宇宙の中に何億あるかわからない。夜空を見上げると、浮いているようです。そうした星々が大調和を保ち、均衡を得て整然と動いているということは、大智恵者の智恵がなくては出来るものではありません。

肉体の人間を考えてみてもそうです。赤ちゃんが生まれる。精子と卵子が結合して、みごもるわけです。その赤ちゃんを一体誰が育てるのか。肉体の母親が育てているわけではありません。もちろん父親にも出来ません。どういうふうにして育ってゆくのか、その育てる力は何なのか。そう考えますと、母親になった経験のある人で神を信じない人がよくあるのですが、私は不思議でしょうがないんです。なんにも考えないで、生まれたからおめでとうなんていっている。母親は何もしない。ただ食べているだけです。中で自然に育ってゆく。その力は何なのか、これは第一番に考えなければならない。ああこんな不思議な力、自分の中に赤ちゃんが身ごもって、これから生まれてくる、ああなんて有り難いんだろう、神様！　とふつうの人は自然にいいますよ。

霊界は存在する

神様といわなくても、大自然の力に感謝しなくてはいられないものを持つわけです。ところが持たない人もある。それを幼い魂というんです。人間というのは生まれ変わり死に変わりしていまして、皆さんも何遍生まれ変わっているかわかりません。女が男に生まれ変わったり、男が女に生まれ変わったりしています。その生まれ変わりの体験の少ない人は霊界のこともよく知らないわけです。分霊《わけみたま》の新しいもので、初めて肉体に生まれてきたような霊魂もあるわけです。そうしますと、肉体の知識はあるけれども、霊界を全然知らないわけです。記憶にないわけです。だから霊界も知らない、神なんかあるものか、というわけです。

私も昔、若い時は神様は信じていましたけれども、霊界があるなんて信じてなかった。そんなことを考える必要はない。ただこの世に生まれてきた命を一生懸命生きて、なんらか人類のために尽くして死ねばいいと考えていた。それでもいいんですが、それだけでは足りなかった。知らない間に私は霊界のことを見せられたりしてきたわけです。ある日、統一していまして、自然に筆が持ちたくなって字を書いた。「五郎だよ、私はここにいます」と戦死した弟が出てきて、そして似顔を描くんです。私が描かされるわけです。その顔が弟そのままなんです。次に親友が現われてきまして、〝渡辺〟と自分の名前を書いた。一緒に書道をやった友だちですから、字のくせをすっかり私は知っているわけです。それがそのまま現われてきた。

自然に書いているということは、現実として背後にいることがハッキリと感覚的にもわかる。実際に体も使われている。その頃からだんだん霊界というものがあるんだな、人間というものは肉体だけではないんだな、本当に永遠に生きているんだな、ということが体験としてわかってきた。それから本格的に霊修行に取り組んだわけです。

霊修行中に、自分の中から声がいろいろと聞こえてくることがあります。神の声としてスーッとひびいてくるもの、絶体絶命そうしなければいられないものとしてひびいてくるものがある。それから耳の中に聞こえるような声もある。ふつうそのままでゆくと精神分裂症で病院に入らなければならないかもしれませんけれど、私の場合は命を投げ出していますし、神様も〝よしお前の命をもらった〟といっている。ですから、なんにもこわいことはない。このまま死んでもいいんだ、死ねば私の天命がこれで終わりなんで、天命がある限りは生きているんだ、肉体の生死は肉体の自分が知っていることではなくて、神様のほうがご存知なのです。神様がお前はいらない、といえば今日でも明日でも死んでしまうんだ、神様が必要とすれば絶対生かしてくださるんだ、ということがハッキリ言葉でなくて心でわかっているんです。

神様との契約がすんでしまった。そうすると自分の体ではない、神様の体になってしまったわけです。三十歳がらみの頃です。それからが大変なんです。自分の体ではないんだから中からどうしろ、こうしろと命令されるんです。というより体で動かされるのです。頭の中でなんにも思ってはいけない想念停止の修行です。歩きながらさせられる。

これは何回も話しましたが、表に出てゆく。どこへ行くんだろうな、と思うとダメで、そのまま元に引き返される。駅の切符売場にくる。どこまでの切符を買うんだろうな、と思うとそれもダメなんです。松戸なら松戸と自然に言葉として行動と一緒に出てくる。そういう修行をやりまして、ついにそれが成功したわけです。

神通力を得る

成功して、神々の姿、神界の姿を見て、当たり前の人間に返った。それまでは気違いではないかといわれたのですよ。元の自分に返って、しかもいろんな人の心もスーッとわかる。世の中の運命も見えれば、ああこれはこうなってゆくんだな、とわかる。肉体の頭の中で何を思ったってわからないと思っているでしょ。誰もいわなければわからないと思っている。ところがさにあらず、肉体の脳のしわにも記憶があるし、肉体のまわりに幽体《ゆうたい》というものがあって、幽体の中に過去世《かこせ》からのいろんなことが記録されているわけです。それを私が観《み》るわけです。それで、この人はこういう人だとわかるわけです。二人お子さんを持った人がいれば、お兄さんはコレコレで、弟さんはコレコレでこういう子ですね、というとピタリと当たります。それは当たるわけですよ。親御さんと子供はつながっていますから、親を通してわかる。

人間は波で、みなつながっているんです。宇宙も波で全部つながっているのです。地球の端から端というのはいかにも遠そうですけれど、波でみんなつながっている。チリで地震があれば太平洋の波が津波となって日本に伝わってくるでしょ。これと同じように波で伝わっているわけです。親子、兄弟などはより直接につながっていますから、お父さんがくれば子供のことがわかってくる。

何がわかっているか、というと、幽体というところに、私はこういう女でございます、こういう男でございます、子供が何人おりまして、長男はこうで、妹はこうでございますと、チャンと録音してあるんです。それを背負って歩いているんです。それなのに、ちっとも悪いことをしたことがない顔をしている。人間だから悪いこともするし、いいこともするし、いろいろあります。小さな枝葉のことにこだわっていますと、大きなことが出来ませんから、あんまり枝葉のことにこだわらないで、本筋を通せばいいんですけれども、言葉、想念、行為がみんな記録されている。その記録が、肉体が亡くなる時に、すべてパーッと再現されるのです。よみがえってきて、そこで後悔したり、反省したりするわけです。

肉体がなくなってしまうと、霊魂がはなれてしまう。神を全然否定している唯物論者というのは霊魂があるということを知らないんだから、意識が戻ってくれば、自分が生き返ったと思う。ところが肉体は焼いてしまって灰になっているでしょ、もう行く所がありませんよ。妻や子供を自分の肉体だと思って使おうとする。妻や子供のほうでは、自由にならなくなるから病気になったりする。だから肺病で死んだ人の家にはずーっと肺病の人が出たり、癌だったら癌の人が出ます。肉体的遺伝があるかもしれないけれども、それよりも幽界的な波が伝わってくるのです。しかしそうなってしまうのでは困ります。

肉体を持っているうちに自己の本体を知れ

そこで私がいいたいことは、肉体を持っているうちに自分の本体を知らなければいけないということです。肉体に生きているけれども、実は神様のみ心の中に自分の本心があるんだ、そしてこの肉体はその本心の現《うつ》し身なんだ。自分の天命を完《まっと》うしてゆくためには、神様の中にある本体が、本体のまま素直に通って生きていけば、悪いことは絶対に起こらない、ということを知らなければいけません。

ところがそれがなかなかその通りにいかない。何故かというと、肉体の生活というものは、カルマの世界の中で生きているわけですから、この地球世界の中で本当に本体を知っている人はわずかしかいないのです。だから大体の人が盲滅法に歩いていると同じことなのです。明日のことがわからないのです。未来のことは全然わからない。ただその日その日を送っている。ですからどこへぶつかるかわからない。お互いがぶつかり合って生きているわけです。

そこで私はいうのです。人間にはみんな祖先があります。みんな亡くなっていますけれど、霊界にいきいきと生きているのです。その祖先の中で、一番古い悟った祖先が守護霊といって子孫の自分を守っている。その上に守護神《しゅごじん》といって、神のみ心の中からそのまま現われている神様がいて、救いの光を放っていて、守護霊守護神として人間を守ってくれているわけです。自分で完全円満な行ないをし、本心のままに生きようと思っても出来るものではないから、そこで、守護霊守護神さんお願いいたします、どうか私の天命が完うされますように、と守護霊守護神におすがりして、中に入ってゆくと、守護霊守護神分霊として一本に天地を貫いて生きていられる。

そうすると、自分でどう思わなくても、悪いことはよけてくれる。悪い行ないをしようと思ってもできない。それで真《まこと》の道、美しい道をずーっと生きていくことになるのです。天地を貫いて大きな人間になる。肉体的には一つも変わりありませんが、大きな大きな人間になる。

霊体は無限に生長する

私も初めは、たとえば前に人が坐ると、相対する人の心が地獄にいるとします、あるいはその人の先祖が地獄にいたとしますと、私はそれを救うために魂がぬけて落ちてゆくのです。それはもう大変な気持ちの悪さで、エレベーターの綱が切れて落ちてゆくような気持ちの悪さ。それでも救おうとするのだけれど、力がないからなかなか救えないのです。向こうは、明るい所はこわくてしょうがない。だから暗い所にひそんでいる。それを引きあげてもだめなんです。途中で落ちてしまうんです。こちらもあんまり苦しいから上がってきてしまう。そういうことをしていました。

ところがだんだん大勢の人を救っているうちに、世界平和の祈りの同志が増えてくる。そうすると、自分の体が、霊体がグーッと大きくなって、広がってしまったわけです。肉体の五井昌久は小さいけれども、霊体というのはとても大きく広いんです。そうなって私の前に迷った人が坐っても、地獄へ行くのはなんともない、ただ手を伸ばして上げてくればよい。だから迷った人がすぐ救われるんです。そのまま光を当てればいい。

よく経文の中にもお釈迦様が坐っていらっしゃる、その前に弟子が坐っていると、お釈迦様の体がパーッと大きくなる。天地を貫いて大きくなる、というのが書いてあります。それは何かというと、肉体を見ていたものが釈迦の霊体を見るわけです。霊体が大きく広がるのです。肉体というのは二十何歳を過ぎれば伸びません。肥るぐらいのものです。霊体というのは自分がいい行ないをすればするほど、ぐんぐん伸びていくのです。光体といって、広がっていくわけです。

私の光体をうつした写真(注1)がありますね。みんなお守りにして持っています。あれは私が鞄を持って島田重光さんの家の前で立っていたところを、島田さんが写したわけです。ところが肉体は全然うつらないで、霊光になっている。今度は逆にある人が警視庁の写真を分解する所にもっていって、調べていたら、そのうちにヒゲの生えた男の人、私の姿が現われてきたというのです。だから間違いなく私をうつしたものに相違ない。なのに肉体がうつらず光になってしまったということは、人間は本来光であるから光になるのが当然なのです。

白光《びやっこう》になるのを邪魔しているのは何かというと、自分だけよくなればいい、自分のことばっかり思う業想念《ごうそうねん》。霊体のこと、本体のことを思うのはいいけれども、肉体感情の満足、喜びだけを追っていると、だんだん神様からはなれてしまいます。そこで昔から聖者は、空《くう》になれ、無為《むい》とかいって、肉体に把《とら》われている想いをはなそうとしているんです。肉体に把われていたのではダメだ、といって滝に当たったり断食したり、難行苦行をして肉体を苛《いじ》めることを宗教者はしてきた。肉体の苦痛によって肉体から解脱《げだつ》しようとしている。ところがそれだけでは救われるわけではない。

神のみ心の中に入ること

一番救われる方法は何かというと、自分の想いが神様のみ心の中にすっかり入ってしまうことなのです。自分は神のみ心の中にいるんだ。自分は肉体ではなくて神体なのだ、というような想いで、神の中に入っていかないと、いくら難行苦行したってだめなのです。今までそうして修行してきた人が大勢います。それで悟れたかというと、悟れていない。お坊さんが幼い時から坐禅を組んで、禅定《ぜんじょう》に励んできて悟っているかというと、悟っていない人が大部分。どういうことかというと、肉体を解脱しようと思って肉体に把《とら》われている。難行苦行するということは、肉体を苛《いじ》めていることなので、それは肉体に把われているることなのです。肉体をはなれようと思って、かえって肉体に把われてしまう。空《くう》になろうとして坐禅観法する、空、空、空と空のことばかり思う、すると空に把われてしまうのです。空に把われると自由にならなくなってしまう。こうでなければならない、というものが出てくるのですね。

ヒンズー教がある、仏教がある、キリスト教がある、回教がある。いろんな教えがありまして、みんな一つの戒律とか、一つの定め、修行の方法というものを決めてしまって、その儀式、定めを行なわないといけないということになっています。儀式などやる必要はないのです。何が必要かというと、自分の本体は神から来ているんだ、自分を神様が生かしてくださるんだ、神様に生かされている命をまともに生きましょう、と神のみ心と自分の心がつながればよいのです。それが行ないになれば難行苦行は何も必要ないわけです、神と一つになって生きていけば、なんにもおそろしいことはない。

それを何かいいわけしながら、このくらいは人間だからしかたがないでしょ、と悪いことをする。思いきって悪いこともやればやるでいいでしょう。罰を受けますけれど、その代わりパッとまたひるがえる。いけないいんじゃないか、いいじゃないか、と出たり入ったりしている。これじゃだめです。いけなかったら止めればいい、やりたかったらやればいい、この決意が大事です。お祈りで大丈夫かな、平和の祈りなんかきくかな、そんなことを思っていたってなんにもなりゃしません。

マラソンをしてスタートした。走り出してから、これじゃいけないとか後ろばかり振り返っていたら追いぬかれてしまいます。かける時はひたむきに走る。やる時にはなんでもまともにやればいいのですよ。そうすれば自然に或る点に到達するんです。私など初めから真剣にやった。人間はいかに生きるべきか、少しでも人に尽くしたい、少しでも国家のために尽くしたい、人類のために尽くしたい、そればかりでした。

それに私は貧乏の家に生まれ、人に頼らず自分でやってきたことがよかったと思っています。ですから、私はお金持ちに生まれた人はある点では不幸だと思うんですよ。何故かというとお金に頼ってしまう、父や母に頼ってしまうから、自分で一人立ちできません。ちょっと貧乏したり、何か苦しみがあったりすると人に頼ってしまうから、ニッチもサッチもいかなくなる。ところが貧乏で鍛えあげられていると、イザとなればどんなことをしてでも食べていかれると思いますから、驚かない。

私は三つぐらいの時、坊や、といわれると、私は坊やじゃないと思っていた。坊やというのは金持ちの子であって、貧乏人の子はガキだと思っていたんですよね（笑）。自分はどうやって将来生きていくのか、何をしたらいいのか、考えていました。それをハッキリ憶えています。それがズーッと続いているわけです。素質といえば素質ですね。しかし若い時からなる人と、四十になってパッと変化する人と、五十になってから悟りに入る人といろいろありますから、それは前生《ぜんしょう》の因縁でなるわけです。

音楽の才能のある人は過去世《かこせ》において音楽をうんと勉強した人で、三歳とか五歳で素晴らしい天才があります。毎日音楽コンクールでは、たいがいローティーンの人が一等になる。どうしてそうなるかというと、それは過去世から一生懸命、音楽なら音楽をやっていたわけです。前からの積み重ねたものがそこに現われるわけです。私も自分の過去世はみんな知っていますが、前から積み重ねたものが現われているわけです。そうみると、こうなるのは当たり前だと思うのです。

たとえば八十のおじいさんがいたとする、「俺《おれ》はもう八十だ、何をやったってしかたがない、死ぬばかりだ」なんていわないで、生まれ変わったら素晴らしいものになろう、と思って一生懸命、文字でも、なんでも勉強する。何かを一生懸命、勉強することです。するとそれが来生《らいしょう》にうんと役立つ。技術などもみんな過去世からの積み重ねです。心のほうも過去世からの積み重ねで、神様！　と思える人は前の世からの積み重ねが今現われているわけです。そういうものなのです。

自分の幸せと同時に人の幸せを祈る

誰も彼も自分が本当に幸せになることを望んでいる。望んでいない人はありません。「自分の幸せなど思わないで、人類の幸せを願いなさい。自分を犠牲にして人を救いなさい」という人があります。言葉としては立派です。けれど、実際問題としてできるかというとできない。自分を犠牲にして人を救うことはなかなかできるものではない。私はそんなことはいわない。

自分の幸せを思うのは当たり前だ、自分の幸せを思うと同時に、人の幸せを思い、国家社会の幸せを思い、人類の幸せを思う、世界の平和を願う、というように私はいうわけです。常に自分があるのです。自分をなくせといったってなくせる人はいやしない。教祖だって立派な人もいるけれど、立派でない人も随分いる。自分のことばかり考える。なんとかいってはお金をとる。お前の所は因縁がすごいぞ、先祖が五代たたっている、これを浄めるためには五十万円出さなければダメだ。明日の午後三時まで五十万円持ってこい、そうすればお浄めしてやる。そういう手合いが随分あるんですよ。五十万ならまだいい、六百万、七百万というのがあるんです。今頃は金額が上がっているらしい（笑）。神様がお金で浄めをするわけがない。お金をくれるのは相手が有り難がってくれるのであって、こちらから請求してもらうものではないのです。神様の世界は金なんかではないのです。無限の富で、どうでも神様は出せるわけです。お金を目当てにするような人に浄められるわけがない、大体その人が浄まっていないんですから。自分が浄まっていないでどうして人を浄めることができますか？

　私などは今の映画ではないけれど、病気治しに歩いていました。食べるお金もないんですよ。けれど人が困ると一張羅の洋服をあげてしまったりした。帰ってから母親に随分叱られましたよ。お金をもらうのが恥ずかしくて、お金っていうと逃げちゃうのです。母親にいわれて、ああこれではいけないなと思ったのです。やっぱりこの世はお金がないと食べられないでしょ。私は食べられなかったから食べなかったんですが、ところがそういうふうでいながら、チャンとお金が入っているんです。いつの間にか洋服のポケットに入っている。鼻をかもうと思ってポケットをみると、鼻紙の中にお金が入っている。汚いねじったような紙に入っている時もありました。私がとらないから、知らないうちに、入れてくれるんですね。上着を着ていない時はズボンに入っているんです。誰が入れたかわからないんですよ。

だんだん宗教の形になってきて、市川（千葉県市川市）で始めたわけでしょ。お賽銭箱を作ってくれたりした。するとみんな音のしないのを入れないんですよ。チャリンと音のするのを入れる（笑）。チャリンチャリンが大分入っている。すると不思議に決まったように、私のお浄めが終わる頃になると、誰かしら貧乏な人がやってくる。「実は明日のお金もないんです。子供が三人おりまして……」食べられないことが私にはよくわかりますから「ああ可哀相に、これをあけて持っていきなさい」って賽銭箱をあけて持たしてあげる。一日の収入が一遍になくなってしまう。じゃ食べられないかというと左にあらず、午後からお浄めやらお話に行きますと、そこでチャンとお金を用意してくれているんです。「お金を……」といわれるとこの頃は「有難う」ともらうようになった、心が成長してきたのですね。

お金、お金とあんまりお金に把われているから、お金を拒否したんだ、ということがわかったのです。ですから、頂くものは有難うございます、と頂く。だんだんそういう気持ちになってきた。それだけ偉くなってきたということです。把われがなくなった。まだ少しあるけれども……、そのようにしてだんだん大きくなってきた。神様のほうでこれでいいというので、世界平和の祈り(注2)を教えてくれたわけです。

世界平和の祈りの誕生

この地上界に、宗教がたくさんあるけれども、みんな各宗派に分かれて争い合っている。昔の戦争は大体、宗教戦争なのです。神様にそむけば罰があたる、命を取られてしまうと思うものだから、自分の宗教は絶対にいいと思う。自分の宗教がいい、いやこっちのが……というんでぶつかり合い、争う。私の守護神団はそういうことをしていたんではだめだ。

宗教は一つにならなければいけない、と思った。一つにするには、今までなかったことで、しかも誰もが思うこと、思わずにいられないこと、そして祈りまで高まっていないものがあるだろう、というんで〝世界人類が平和でありますように〟という言葉がパッと閃《ひらめ》いて生まれたのです。

世界人類が平和でありますように、こんな平凡な言葉は誰でも思います。思うけれども、祈り言に高めた人はいないんです。簡単明瞭な言葉です。これを祈り言までに高めた人が一人もいない。世界平和を念ずるのでも違う言葉です。長々しい言葉か、むずかしい言葉でやる。あるいはお経をいちいち憶えなければならないから、とっさの場合役に立たない。とっさの場合が大事です。いつでもスーッといえる言葉、それが世界人類が平和でありますように、なんです。この祈りを唱えていますと、みんな救われてくる。

よその行者さんがみて、世界平和の祈りを唱えている人の姿が光に包まれている、輝いている、というんです。それはそうでしょう。神様方のほうで、これを唱えればそこにわれらは宿《やど》るぞ、とおっしゃっているんだから間違いない。念仏も題目も呪文も、神界あるいは霊界とその教祖になる者とが約束して、そこに唱え言ができるのです。

世界人類が平和でありますように、という言葉に反対する人はありません。誰が世界平和に反対しましょうか。アメリカが戦争しているのも平和のためだ、というのでしょ。そんなバカなことはないんだけれど、そうアメリカ人は思っている。世界を平和にするためには共産主義を倒さなければ平和にならない、だから共産主義をやっつけるんだ、というわけ。ところが共産主義国のほうでは、資本主義、アメリカ帝国主義を打倒しなければ平和にならないと思っているのです。打倒しなければならない平和なんてありっこない。お互いが争い合い、殺し合って平和になるわけがない。それを平和になると思ってやっているところが、頭が悪いんじゃないかと思うのです。

一人一人はいい人だけれど、国家となると国の業《ごう》というものがあって、国を守らなければならないと思う。アメリカにもあるし、中国にもありますし、日本にも、どこの国にもあります。自分の国を守るためには、他の国や国民を犠牲にしても省《かえり》みない、という心がどこの国にもあるんです。そういう心があるうちは世界は平和にならないのです。そこで人はいろいろ考えて、世界連邦を作ろう、世界を一つの国にすれば戦争がなくなるだろうと、働きはじめている。いい考えですが、なかなか簡単にいかない。個人の業、国家民族の業というのがある以上、世界連邦にして一つに手をつなごうというわけにいかない。

根本的には、何か一つ、全世界がつながる何かの目標がないとだめなのです。世界人類が平和でありますように、これを人類共通の祈り、願い言として唱えれば、南無阿弥陀仏といったって、アーメンといったって、アラーの神よ、といったって、どんな宗教に入っていたって、その宗教の祈りを唱えたって、世界人類が平和でありますように、は誰にも唱えられます。どんな宗教も、どんな国家民族でも、世界人類が平和でありますように、と思わない国はないいんだから、それを祈り言《ごと》までに高めればいいんです。それを私は念願しているんです。

まず日本から始めているわけです。大分同志も増えましたし、外国にも随分リーフレットがいっています。まず日本の、どこの家の前にも、世界人類が平和でありますように、というステッカーが貼ってある。どこの会合でも、始まる場合にはまず世界平和の祈りで始める。そういうように唱えておりますと、だんだんみんなの心が一つになってくる。一つになってきますと、やがてはその波が一つになって渦まき、世界人類が平和でありますように、という言葉の中には神の光明《こうみょう》が燦然《さんぜん》と輝いているのですから、日本中に広がってゆくと、戦争をしたい、国を亡ぼしたい、という業《カルマ》の想い、迷いが浄められてゆく。大光明波動で世界が一つにつながってゆく。

正義より平和が優先する

軍備をしなければならないと思う人もいるでしょう、軍備をしないほうがいいと思う人もいるでしょう。軍備がどうこうというようになると、両派に分かれて争わなければならない。そういうのは専門家にまかせておいて、われわれの運動は、世界人類が平和でありますように、という祈り言の中に国民の心を一つにするわけです。そうしますと、いつの間にかすべての人の心の中に光明心が入っていって、人をやっつけようという争いの心が、憎悪がなくなってくる。アメリカに中共と戦おうというものがあっても、光明波動でやめになってしまう。

アメリカが正義だと思っていることは、中共でもまた正義だと思っている。ベトナムでもフランスでも、みんな自分のところが正義だと思っている。正義と正義がぶつかって人殺しをするんですから、正義から出たってそれは悪になる。ましてその正義は自分勝手な正義なのですから。だからそういう正義を一切捨てて、正義より先に平和を築かなければならない。正義に先んじて平和の祈りをしなければならない、と私は思うんです。

だから皆さん、是非世界平和の祈り一念に結集してもらいたいのです。そして皆さんが先達となって、世界平和の祈りはいい、向かいの人にも知らせましょう、両隣の人にも知らせましょう、と祈りの運動を展開していこうではありませんか。お願いいたします。

（昭和43年6月23日　東京・文京公会堂にて）

（注1）　霊光写真

著者の肉体ではなく、光体だけが写っている。この光体は霊、幽、肉の三体が三つの輪に見える。中央の光が霊体である。ここから光波が出て幽体、肉体が出来ると言われている。

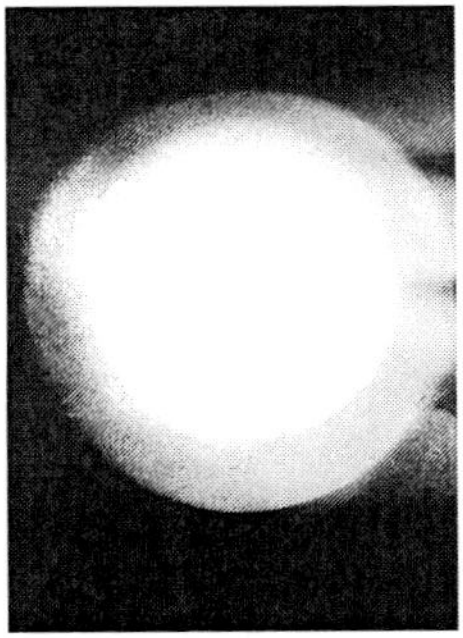

（注2）　世界平和の祈りとは「世界人類が平和でありますように　日本が平和でありますように　私達の天命が完《まっと》うされますように　守護霊様ありがとうございます。守護神様ありがとうございます」という祈り。守護霊守護神とは、人間の背後にあって常に運命の修正に尽力してくれている各人に専属の神霊。

第1章

人間は神の分生命

肉体人間観からの解脱

人間は神の分生命《わけいのち》

人間に一番大事なことは、自分がどこから来ているか、ということを知ることです。ただ地上界に肉体の人間として生まれているだけなのか、天から神の分生命《わけいのち》としてここに生まれているのか、このどちらをとるか。

唯物論のように、神がなくて、自分だけで生きていく、肉体という物質の人間として自分をみるか。人間は神の分生命《わけいのち》であって、神様の力をこの世界で現わしてゆく存在なのか。皆さんは神様を信じていらっしゃるんだし、守護霊守護神さんもわかっていらっしゃる。

だから守護霊守護神に守られて生きている、ということを漠然ながらも感じていらっしゃるわけですね。

しかし、長く信仰していらっしゃる方は漠然じゃないほうがいいんです。完全に人間というものは神の分生命であって、神様自身がこの肉体の中で働いていらっしゃるんです。言い換えれば、皆さん方は神様そのものなんです。皆さん方を生かしている生命《いのち》は神様のものなのです。生命あってのもの種じゃないけれど、生命があるから生きているのです。ということは生命が人間なんです。人間の生命があって、形の肉体が動いているわけです。生命がなくなれば失《な》くなってしまう。

そうしますと、何の誰某《たれがし》、何の誰子というものは何かというと、生命体なのです。生命の現われ、生命の体《からだ》です。その生命はどこから来ているかというと神様から来ている。神様の分生命なのです。

サア、そう考えていきますと、自分はなんだろう、神様の分生命だ、生命なんだ、神様の生命が肉体に宿って肉体を動かしているんだ、ということです。そうなると、何を考えたらいいかというと、神様の生命が完《まっと》うされますように、神様の生命がここに充分に生きますように、神様のみ心がこの世に現われますように、となります。神様が自分というものになって、自分という体になってここに生きていらっしゃる。だから運命も自分のこともすべては神様が知っていらっしゃるのです。もっと身近に話せば、守護霊守護神さんはみな知っていらっしゃる。それで自分はここに生きているわけ。

苦労をなくすには

神様のままで過去世から生きていれば、この世界はもっと立派なものになっているんだけれども、神様の生命であることを忘れてしまった、そういう時期がズーッと続いているわけです。神の生命ということを忘れて、肉体の人間だ、俺は俺だ、神様なんかあるものか、という人がたくさん出来てきて、だんだん神様のみ心を離れていっただけ、マイナス面がこの世の苦労になっているわけです。

この世の苦労、あるいは天変地異や災害をなくそうとするならば、人間はすべて〝ああ自分は肉体の人間じゃなくて、神様の生命だったんだ〟とスーッと神様のほうに入ってしまえばいいのです。そうしますと悪いものが消えてしまうんです。だがなかなかそうならない。だからせめて、皆さんのように守護霊守護神さんを知った方々は、先達《せんだつ》となって、先がけて神様の中に飛びこんでしまう、神様の生命の中に飛びこんでしまうという生活を続けていけば、その生活がだんだん拡がっていって、他に影響を及ぼしていくわけです。

だからまず、自分が〝私は神様の生命なんだな、神様の生命がここに来て生きているんだな。ああ自分は神様と一つなんだな、神様がここに生きていらっしゃるんだな。神様の何の誰子なんだな、神様の何の誰べエなんだな〟というように思う必要があるわけです。

実際に、神道では亡くなりましても戒名をつけない、〇〇〇彦命《みこと》とか、〇〇〇姫命《みこと》とかいって、神様の子だということをハッキリ現わしているんです。神道では神の子だということをハッキリ現わして教えています。それであとは理屈は言わない。神の裔《すえ》である、それだけでスーッといくわけです。

本当は理屈はいらないんです。〝自分は神の生命を生きているんだ、神と人間とは一つなんだ、神様はここに生きているんだ。神様有難うございます、本心さん有難うございます〟と、そうやって生きていれば、完全に素晴らしい世界を創り上げてゆくものなのですよ。

肉体人間はみな五十歩百歩

ところが神様と肉体の人間というものを分けてしまって、神様を高い世界においてしまって、遠くへ離してしまって、肉体の人間の自分はだめなんだ、とやるわけです。肉体人間の自分を顕したいとか、肉体の自分がどうやったとか、俺は偉いんだ、俺は馬鹿なんだ、とかいって、神様を離して、自分というものを別にしている。これは偉いも偉くないもないんです。

偉いといったって、偉くないといったって五十歩、百歩で、神様のみ心から考えたら問題にならないです。私たちは宇宙子科学(注3)を勉強していましょう。宇宙天使からいろんなことを教わります。宇宙天使の世界というのは素晴らしい世界で、思う通りパッと成る世界なんですよ。それを感じていますから、地球の肉体人間というのはなんと幼いか、と思っちゃった。問題にもなんにもならない、という差があります。いくら肉体人間が頑張ってどうやったって、宇宙人（天使）に敵《かな》いっこないんです。

どうしたら宇宙人（天使）と同じようになれるかといったらば、肉体の人間観を捨てることです。肉体がここに現われているけれども、これは、神様の生命がこの世において、この物質の世界において、本当に愛と調和の世界を創り上げるための一つの道具なんだ、器であるんだ、ということをハッキリ自覚しさえすればいいのです。そして〝神様と一つになってこの世をよくしていくんだ、神様有難うございます。守護霊さん守護神さん有難うございます。よろしくお願いします〟というようになりきってしまえば、ズーッと力が出てきます。それは素晴らしい力になりますよ。それを皆さんが自分の生活の中で体得してゆくことが大事なわけです。

統一と雑念

そのためのお祈りでもあり、統一(注4)でもあるんですよ。お祈りしたり統一をしながら、いつも心が自分の肉体のほうに向かっていたんじゃだめなんです。道場《ここ》へ来て統一をすること（注5）とは、お祈りをすることとは、肉体の自分というものを、神様の生命そのもの、永遠の生命、光り輝いているもの、完全円満なるもの、そういうものと一つに融けこませることなのです。

道場《ここ》で統一してスーッとして、口笛なら口笛にのり、柏手にのり、ズーッと神様の中へ入ってゆく。雑念の起きるのは自分の過去世からの業《ごう》、今日出てくる前までの業、坐るまでの業がそこに現われて、パーッと雑念になって消えてゆくんで、それは自分ではない。自分は生命として神様と一つになっているわけです。言い換えれば坐って統一してもしなくても〝自分はいつも神様の生命を生きているんだ。神様が何の誰子となり、何の誰べエとなってここに生きているんだ、ああ自分の生命は神様の生命で、この肉体は神様が使っていらっしゃるんだ、神様の生命がここに生きていらっしゃるんだ〟とお念仏のように思うんですよ。そうすると素晴らしい力が出てきます。

怖くもなんともない。恐怖がなくなります。グラグラッて地震が来たってなんでもない。神様の生命なんだからね。地震より大きいんですから、自信をもってやらなきゃなんないです(笑)。

神様の生命より大きいものはないんだから、神様の生命の中に自分が入っていればいいんですよ。この五尺何寸に区切っちゃって、五尺何寸の自分だ、私はこんなだ、と小さく小さくしている。私なんか体は小さい。けれども霊身は大きい、大きい。無限に大きいんです。五尺二寸の体など問題にしていないんです。五尺二寸四十キロの体の中にいない。いつもどこにいるか?　宇宙にズーッと遍満している。広がっているのです。

世界人類が平和でありますように、みんなが幸せでありますように、と宇宙をかけめぐって、光り輝いて働いているわけです。皆さんも本当はそうなんです。世界人類が平和でありますように、といっている時は、皆さんの霊体は地球ばかりじゃありません。宇宙を光り輝いてかけめぐっているのです。肉体はボケーッとしているだけ。今日のおかずは何にしようか。昨日はサンマだったし、今日は少し奢ってひらめにしようか（笑）。なんてやっているわけ。それはそれでいいんです。それはこの肉体のほうのことです。おかずのことを考えていながらも、実は自分は神様の生命をそこで光らせているわけです。

けれどもその根本には世界平和の祈りのような、人類愛の、みんな幸せでありますように、どうかすべてが幸福でありますように、調和していますように、という願い、祈りがなければだめなんです。そういう祈りがあると、ほかのことを考えながらも、関係なしに生命はパーッと光っているのです。

ここに来て坐って〝世界人類が平和でありますように〟とやりながら、鍵をかけてきたかしら、ガスの火は消してきたかしら……、なんて頭の中で思っている。そんな雑念は問題じゃない。統一して平和の祈りと一つになっている自分のほうが本体で、それは光り輝いている。ここへ来る時はチャンと神様がやってくれています。心配ばかり出てくる時には、守護神さん守護霊さん留守をお守りくださいませ、と頼めばいいのです。「ハイヨ」

といって守ってくれますから。大丈夫だから。

〝心配〟の効用

大丈夫だけれども、大丈夫、大丈夫と思いながら、心配するのが人間なんですね。それは過去世の因縁というか、過去世の習慣の想いなんです。想いの習慣が心配苦労するわけです。それはそれで可愛いですよ。心配もなんにもしない女親ばっかりだったら面白くないですね（笑）。話がなくなっちゃう。〝お暑うございます〟〝暑くたって何でもないだろう、大したことはない〟。台風が来ても、〝そんなのなんでもない、大したことはない〟。お互いにそんなことをいっていたら面白くもおかしくもない。可愛らしくないですよ。やっぱり心配したり苦労したりすることが可愛らしい。

私だって心配苦労したように見せるんですよ。戸締りしたか、鍵かけたか、鍵は厳重にしなさい、一ヵ所じゃだめ三ヵ所ぐらいにして……こうやって教えるわけ。当たり前に当たり前に心配苦労するわけです。それでなくちゃ可愛くないです。「うちの家内がお腹が痛い痛いと泣いています」って電話がかかってくる。「そんなの心配ないだろう」これだけじゃにべもない。ああそれは大変ね、それは痛いだろう。苦しいだろう。祈ってやったよ、大丈夫よ……と、こうなれば、一遍、先生が心配してくれたからもう大丈夫だ、と思う。あんまり初めから心配しなかったら、愛も情もないと思います。やっぱりお互いに心配していいと思うの。

ただ心配しても、神様がちゃんと守ってくださるんだな、だから大丈夫なんだ、と光明《こうみょう》思想にパッと変えてしまうことです。そうすると、だんだん心配苦労する想いが消えて、消えて、消えていって、しまいにはあんまり心配しなくなるんです。今度は愛情で心配苦労したような顔を見せてやる。お互いに向こうに合わせてやる場合もある。そうしないと相手の心配はとれません。だんだん立派になってくれば、本当の菩薩さんになるわけです。

皆さんは、肉体の人間だと思わないで〝肉体に仮に宿っているけれども、自分は神様の分生命《わけいいのち》なんだ、神様と一所《いっしょ》にいるんだ。神様の生命がここに生きているんだ、神様と私は一つなんだ、神様有難うございます〟というように生きていらっしゃれば、この世が楽しくて明るくて、ひろびろとしていて気持ちがいいことになるわけです。

（昭和49年9月8日）

（注3）正式名称は、宇宙子波動生命物理学。宇宙天使の指導の下に研究されている大調和科学。
（注4）自分の本心本体と一つになるための行《ぎょう》。
（注5）聖ヶ丘道場。千葉県市川市中国分にあった本部道場。一九九九年三月に閉館。

人間はどうして神の子なのか

問

人間は神の子であって、他のすべての生物は被造物であると伺っていますが、動物にも劣る行為をしても反省しない人間もいます。万物の霊長であるならば何故そんな行ないをするのでしょうか。

神の子たらしめんとして平和の祈りがある

答

人間は万物の霊長であり、神の子であるということは真理なのです。しかし私たちの考えている人間というのは、神人《しんじん》、あるいは真の人であって、現在の人類というものは、本当の人にはなりきっていないのです。まだそこまで進化していないのです。

人間神の子というのは、進化しきった時の名称であって、いまだ神の子の姿を本当に現わしてはいないわけです。人間と動物性が混ざり合っている人間が大半で、平均して人類はそういう状態です。それで今この宇宙の変化というものは、地球世界の人間を急速に神の子たらしめんとして、神々が働かれている状態です。

どういうのを神の子というかというと、分霊《わけみたま》の自分と守護霊守護神が一つになって、想念行為をしている。想い、行なっているという状態です。守護霊守護神を離れて、自分勝手にやっているものは、神の子でも神人《しんじん》でも真人《しんじん》でもないのです。やっぱり動物なんです。ただ誰も彼も、どんな悪そうに見える人間でも、守護霊守護神は働いていて、神の子の本質があるわけです。ただ業想念でおおわれている。厚くおおわれているものは動物以下の働きをするようになる。

何故かというと、考える力とか創造する力とか、計画する力が人間にはありますから、動物よりもずっと利口に立ち廻れるわけです。それは神の子ではない。神の子の姿が隠れていて、業想念がそのまま現われている。大体、今の人間はそういうふうになっています。

ですから誰も彼もが神の子、というわけにはいかないんです。神の子であるけれども、神の子の姿を現わしていない人のほうが多い。たまたま現わしていることがあるけれど、また悪魔的なことが現われたりしている。玉石混淆《ぎょくせきこんこう》で動いています。

それをわれわれの平和の祈りによって、すべてを神の子たらしめんとして「守護霊さんがあるんですよ、守護神さんがあるんですよ。そして守っているんですよ。一つになれば神の子になるんだよ。だからいつも守護霊さんに感謝しなさい」というように教えているわけです。そして世界平和の祈りのような、横に広がってゆく人類愛の祈り言を教えているわけです。それでその波動圏に入っていけば、大光明波動のところだから、そこで洗い浄められてゆくうちに、神の子になってしまうわけです。

ここへ来ている人はその意味では、本当に幸せなのです。ここに来ている人は、今亡くなっても、必ず霊界以上に行くんです。幽界、迷いの世界に行く人はありません。何故かというと、守護霊守護神がちゃんとそこへ連れていきますから。亡くなる時は守護霊守護神が現われて、あるいは五井先生の本体が現われて「あなたの世界はここなんだよ」とちゃんと連れていってくれ、霊界へひとまず置いて「ここがあなたの住まいなんだよ」と言っておいて、今度は、また改めて、修行し残したことがありますから、短気なら短気の想いを直すとか、嫉妬があれば嫉妬を直すとか、いろいろな欠点を祓《はら》うために、修行に出されます。けれども、自分の座はここだ、とハッキリわかっていますし、いいところにありますから、修行に出されても何年かすれば大丈夫ということがわかっていますから、苦しくない。楽しくなる。

ところがこういう教えにふれていない人は、守護霊守護神も知らない。霊界もなんにも知らないで逝《い》ったとすれば、自分のその想いのままでその世界へ行くわけです。人が嫌いで、人のために一寸も尽くさない、自分だけのことを考えて、自分の儲《もう》け、自分の栄耀栄《えいようえい》華《が》ばかり追っているような人は、誰も人のいない、もう光も何もない真っ暗な、灯も見えないような所で、おたおたしている。金集めに興味のある人は、暗い金蔵《かねぐら》の中で金ばっかり数えている。想いがそのまま現われる。

皆さんみたいに、神様のことを思い、守護霊守護神のことを思っていれば、想いのままが現われるのだから、守護霊守護神のところに行くわけです。守護霊守護神がちゃんと導いていくけれども、そのままでいるわけじゃない。やっぱりいろんな癖がありますから、その癖を直すために修行させられます。

自分のことだけ思うような、人なんかどうでもいい、というような想いがあっても、守護霊守護神さんと言っていれば、死んだところで霊界の座がちゃんと決められています。守けれどももっともっと幸せになるためには、出来ることなら、守護霊守護神に感謝しながらも、自分の悪い癖というのはどんどん直していったほうがよい。自分のことだけでなく、人に愛を及ぼして、社会のために尽くさなければだめなんですよ。そこで、自分の悪い癖は生きている間にとっておいたほうが得だ、ということになります。

人間はどうして神の子なのか

人間はどうして神の子かというと、直霊《ちょくれい》の世界から来ているのです。直霊というのは神様そのものなのです。宇宙神というのは宇宙の法則です。人類に働きかけているのは直霊です。その直霊の中から人間は来ているのです。その光がそのまま入ってきている。ですからズーッとつながってきているわけです。

ところが動物というのは、人間のように直霊からズーッと来ているのではないのです。直霊の世界の下に、動物を司る神様がいらっしゃる。同じ場所に『神と人間』(注6)では書いてありますけれど、実は副としてあるんです。(注7)その動物を司る神様が動物を創るわけです。人間は霊魂魄《れいこんぱく》としてありますが、動物は魂魄《こんぱく》で創られています。それで動物には創造力もない、計画する力もない。創造する力、計画する力の元のエネルギーはどこにあるか、というと、霊の中にある。霊そのものが計画する力の根源であり、創造する力の根源です。その創造する力、計画する力の根源である神様は、宇宙万般を創られた。宇宙万般を創られたと同じような創造力がそのまま入っているのが、人間なのです。ただいまだ発揮していないだけなんです。やがて全部出てきます。

ところが動物の中にはそれがない。魂魄《こんぱく》はあるけれども、創造力、計画力もない。動物を司る神様にはあるけれど、動物の中にはなく、神様がいちいち動かすだけなのです。そこが違うのです。そこで私はいつも間違いないように、霊魂魄《こんぱく》とハッキリ書いています。ふつうは霊魂と一緒にしていますが、私はハッキリさせるために霊魂魄というように分けたのです。魂魄は動物にあるけれども、霊は神様のほうにあって、神様が自由に動物を操っているわけです。しかし人間は操られているのではなく、分霊魂魄《ぶんれいこんぱく》の人間と守護霊守護神とが一つになって、神の子なんです。動物は被造物、人間は自らが創った、自らの守護神が自分の体を創るのです。大神様が創っているわけではありません。大神様の要素を守護神が自由に操って、人間の肉体を創ってゆくわけです。

守護神というのは自分と一つなんです。肉体の私がここにいます。五十歳です。この人は過去世でいろんな修行をして、いろんな人を救ってきた霊魂魄であるわけです。ところが青年の頃は何もわからないから、普通の肉体人間だと思って一生懸命やります。そのうちハッと気がついて、神様へ全部任せてしまった。何もわからない時は操られているようなもので、動物と大して違いはない。業《ごう》に操られているかも知れない。ところがわかって、小さい肉体のほうの想いが命を投げ出してしまったでしょ。その時、初めて本当の人間になったわけ。本当の霊止《ひと》になったわけね。まかしてしまったから、こっちの想いがなくなった。分霊魂魄の人間観はなくなってしまって、直霊と一体の、守護霊守護神と一体になった。大きな立場に生まれ変わった。本心をそのまま現わし得る人となった。

お釈迦様は「我は仏なり」と言った。それはわかったからです。仏というのはほどけるという意味で、肉体の人間だ、人間だと思っていたのが、人間は肉体じゃなかった。守護霊守護神と一つだった。金星を見てわかったということは、守護神の姿を見てわかった、ということです。それで心が全部ほどけてしまった。それで「我は最勝最智の如来なり」と宣言した。本当にわかれば誰も彼も仏陀《ぶっだ》となるわけです。仏陀になるということは、守護霊守護神と肉体の分霊《わけみたま》の自分が、全く一つになるということです。神人であるわけです。

守護霊守護神とはなれた自分というものは、あくまでも生まれ変わり死に変わりして、業の中を輪廻《りんね》してゆく。それは高くなったり低くなったりするけれども、考えてごらんなさい。肉体の人間という考えがなくなれば、神様だけじゃないですか。そうすると神様の光がこのまま降りてくるんですから、神様になりますわね。それで我欲をなくせ、欲望をなくせ、というわけです。お釈迦様は「空《くう》になれ、空になれ」、老子様は「無為《むい》にしてなせ」と言ったんです。そうすると自分がなくなって、自分の本体がこの地上界にそのままで現われてくるのです。

そういう人が亡くなれば、往くも還るも亡くなるも、何もありゃしません。本体の所に行くんですから。だからそれに近くなれば、みんな高い所に行くに決まっています。

ですからこの世において、自分だ自分だという悪い癖をなくせばなくすほど、空《から》になればなるほど、無為《むい》にしてなせばなすほど、その人は立派な神の子、いわゆる神人になるわけです。

（注６）　霊と魂魄、生前死後、守護霊守護神、因縁因果を超える法等、神と人間との関係を明示した本。
（注７）　巻末の参考資料の第１図参照。

神の分霊の人間にどうして業想念が生じたのか

問

人間は神の分霊《わけみたま》といわれますが、どうして業想念《ごうそうねん》というものが生じたのでしょうか？

霊体と肉体の生き方のズレ

答

神様が完全円満で、絶対なる力であるのに、そこから分かれた命《いのち》にどうして業想念ができるのか、どうしてそういう世界に悪いことが起こるのか？　というわけですね。

それは、人間というものを肉体と限定しているからなんです。人間は肉体ではありません。肉体は一つの器である。人間というのは霊なる生命である。生命そのもので神体《しんたい》なんです。はじめ神体であり、それから霊体になり、幽体になり、肉体になるんですね。何段階も分かれていて、肉体が生まれたから人間が初めて生まれたんじゃないんです。肉体をまとった時に、初めて業《ごう》が出来るんです。

何故業が出来るかというと、キリスト教では原罪《げんざい》といいますね、肉体が生まれたことが原罪というんです。本当は罪というんじゃないんですね。何故そうなるかというと、私がいつもいうように、神体、霊体は微妙な波動で、神のみ心とピタッと一つで離れていない。微妙な波動がそのまま生きているから、そのまま正しい、完全円満な姿が現われるんです。幽体の波動、あるいは肉体の波動になりますと、粗《あら》い雑な波になってきている。物質というのは雑ですよ、目に見えないものはズーッと細《こま》かいでしょ、目に見えない霊体の世界というのは細かい。それが肉体という粗い波動をまとうと、霊体の生き方がズレてくるわけです。

たとえば霊界だったら一瞬にしてアメリカへでもどこへでも行けるわけです。それが肉体だったら、歩いたり、飛行機に乗ったり時間をかけてゆくわけです。それだけ遅いわけです。だから霊界ならスーッとそのまま神様の力が現われるものが、肉体の世界ではスーッと現われないんです。現われる間にスキが出来るわけです。その隙間《すきま》が業《ごう》というんです。隙間にいろんな悪い業のようなのが出来てくるわけです。それを無明《むみょう》というんです。明かりがない所があるわけね。強い光ならパァーッとどこまでも無限に光が照らされるわけでしょ。ところが弱い光だと、ある程度まで光るけれども、向こうまで光るためには歩いていって光らさなければならないでしょ。その間に闇が続くでしょ。明かりがない空間が出来るわけですね。そこのところに業が出来るわけです。

時間が必要である

光がないから闇の姿が出来る。その闇が全部消えるためには、神様の光がそのまま通る時間があるわけですね。時間が必要なわけです。霊体ならヒューッと行っちゃうのに、肉体なら時間がかかるでしょ。その時間がかかる分だけが業なんですよ。だから、この世が悪く見えようとも、どんな間違った世界に見えようとも、やがては神の光がすべて地球界に通りきってしまえば、もう悪い想いは全部消えてしまうわけですね。その神様の光を早く通そうと思って、各聖者や宗教家が現われて一生懸命、闇を消すために光を与えているわけですね。それで光が充満してくる。要するに神様の光が霊体ならスーッと来ているけれども、肉体のほうは隙間があるでしょ、そこの所へ霊界から肉体をまとった私みたいな人たちが、光をあてて闇を消すのを補っているわけです。補う人が多く出れば出るほど、早く完成する。早く完全な人間が出来る。早く完全な神の分生命《わけいのち》が出来るわけですよ。

神の光を届かせるために

もとは神の分生命であるけれども、肉体をまとっていると、そこに隙間の闇の世界が出来てきて神の分生命の本体がなかなか現われない。そこで早く本体を現わした人たちがみんな、仏菩薩《ぶつぼさつ》になって、応援してその闇を消そうとしているんですよ。

闇が消えてしまえば、すっかり完全な姿が出来るわけね。そうすると、ああ神様は完全円満だったな、と初めて出来るわけ。だから元の世界は完全円満だけれども、肉体の世界は完全円満ではない。何故ならば、まだ光が届いていないから。

神の光をすっかり届かせるために、聖者賢者というのがいて、菩薩行《ぼさつぎょう》をしているわけですね。皆さんの世界平和の祈りは大光明そのものだから、皆さんの体を通して闇を消してゆくわけです。だから一人でも多く世界平和の祈りを祈る人があれば、多ければ多いほど、早く世界人類が完全円満になるんだ、というわけです。

第2章

守護霊守護神について

神と人間との関係

人間と守護霊守護神

この世にはいろんな宗教がありまして、守護神《しゅごじん》といって教える宗教もありますし、守護《しゅご》霊《れい》といって教える宗教もあります。けれども守護神守護霊の在り方というものを、ハッキリ説いたのはうちの教えが初めてだと思うんです。

私の説いている守護霊というものはどういうものかといったら、祖先の浄《きよ》まった人、祖先の中で、この地球に生まれ地球界の経験を積んで浄まって、もう生まれ変わらないで子孫の守護をしている霊。守護神というのは、地球界に生まれないけれども、神そのままの分生命《わけいのち》、要するに、直毘《なおび》、直霊《ちょくれい》の分かれたもので、守護霊の産《う》みの親でもある、と説いているわけです。

守護神というのは一つかというとそうでない。直霊から分かれたそのままの守護神というものと、守護霊から昇華して、守護霊の役目をおえて一段階上がって神になり、守護神となったものとあるわけです。守護神は本当は一つであるけれども、複数なわけですね。

そこで、人間というのは一体どういうことになっているかという問題ですが、人間というのは、この世界に肉体として○○○子、○○○男としているわけです。これは一人ですね。一人の人間がここにいるということに、この現われの世界ではみるわけです。ところが私どもの目からみますと、一人の人間なんていうものはいないんですね。一人で生きていると思っているけれど実はそうじゃない。

どういうことかというと、神の生命《いのち》そのままの直毘《なおび》が分かれて、一方は分霊《ぶんれい》として、分霊《わけみたま》、魂として、この肉体の中に入ってきて、中といいましたが、これはこの世の言葉にないから、中といいますが、その分霊魂《ぶんれいこん》だけではこの地球界の粗《あら》い波を乗り切っていけない、ということを大神様はあらかじめご存知だったので、危い時に助けるという形で守護神をつけたわけです。

内面的には直霊から分霊《わけみたま》として真っ直ぐ入り、外面的には守護神としてついて、そして守護神が祖先の人を浄めて悟らせ、守護霊として、分霊魂を守らせることにしたのです。(注8)

肉体人間がこうやって動いているのは、この自分の頭で考えているだけじゃなくて、大生命（直霊）からくる生命力と、その生命力を自由に操ってくれて、一番素直に神様のみ心を現わせるようにという、要するに背後からの力で守護霊守護神として働いている。それで、四者一体になって働いているわけです。

そこで初めて一人の人間が完全に生きていけるわけなんですね。だから肉体の人間は、守護霊、守護神が働かなかったら生きていけないんですよ。

守護霊守護神がもし離れたとすれば、この地球界に渦まいている業の波に押したおされて、そのままだめになっちゃう。守護霊守護神が波がかかってくると、サーサーとよけてくれる。それでも入ってくるんです。守護霊守護神がよけてくれていて、それで僅かに入ってくる業の波でさえも、オタオタしながら人間は生きているわけです。だから守護霊守護神として働いている力が九〇パーセント、分霊《わけみたま》の肉体側の力というのは、わずか一〇パーセントというところなんです。

それなのに、世の中の人たちは守護霊や守護神のことを知らないで、肉体人間の自分の力でやっている、おれの智恵がいいんだ、おれの才能だ、とやっているわけですよ。

唯一絶対なる神と守護霊守護神との関係

また、信仰のある人でも、守護霊守護神を全然考えない人がいます。ただ大生命、宇宙神というものだけに直結でき得ると思っている。神様といえば唯一絶対なる神しかないんですね。あとはない、宇宙神だけがある、という考え方でいる宗教もたくさんあるわけです。それは間違いじゃありませんよ。けれども、いわゆる一つを知って一つを知らない、表《おもて》を知って裏《うら》を知らない、右を知って左を知らないという考え方なんです。

唯一絶対神だけというのは、宇宙神だけが神様であって、神々なんてないんだ、あとは人間だという形ですね。キリスト教はそういう形を取っているんじゃないですか。それで神の代弁者として、神の唯一の子として現われたのがイエス・キリストである、というふうに説くわけですね。ところが私どもがはっきり知っていることはそうでなくて、宇宙神は唯一絶対その通りで、宇宙神のみ心、大生命の中の一つの流れとして人間は生きているわけですね。その流れの中は実に複雑でしてね、人類の一番元である七つの直霊《なおび》の分かれの分霊魂という肉体界に働きかけてくる力と、私たちは地球に住んでいるから地球人類だけの話をすると、地球人類の使命達成《しめいたっせい》、神のみ心達成のために応援して働いている守護神守護霊というものがあって、それは全部、宇宙神の中に入り、宇宙神の中で働いているのです。宇宙神の外というのはないんです。

生命というのは、人間とか動物とか植物にあるだけじゃなくて、鉱物、石にも鉄にも土にも生命があるんですよ。ありとしあらゆる現われているものには、すべて生命があって動いているわけですよ。ですから生命のない所というのは無いのです。いのち、いのちが生き生きと生きているところは全部、大神様の中なんですね。だから生きているものの中で、宇宙神の外にあるものはない、すべて神のみ心の中にあるわけです。

それなら宇宙神だけでいいじゃないか、というけれども、宇宙神のみ心の深いところがそのまま現われてきたら、この地球人類は一遍で全部亡びちゃいます。崩れてしまいます。

例えば地球科学でいえば、太陽の圧力とか放射能とか光がそのまま来ていれば、例えば紫外線だけでも放射されたそのままが人間に当たっていれば、人類は一遍に死んでしまうんです。ところが幸いなことに、地球を取りまいている大気層があったり、いろいろな層があるので、その放射能とか紫外線とかをうまく濾過《ろか》するように、柔らげてくれて、適当にこちらに恩恵として与えてくれているわけです。それで生きているのですね。

それと同じように、宇宙神の力、エネルギーをそのまま現わしたら、人間は生きていけないんです。そこでそのバランスをとって、光を適当に適当に与えてくれるように、うまくコントロールしてくれるのが守護神守護霊なんです。それを神々というのです。神道では八百万《やおよろず》の神というのです。宇宙神は天之御中主神《あめのみなかぬしのかみ》の名前で現われ、その他、やおよろずの神々がおられて、宇宙神の一つの手となり、足となり、あるいは細胞の一つとして働いている神々がありましてね、その神々の裔《すえ》が地球に現われている人間なんですよ。

○○という人間をズーッとたどってゆくと、イの神があるとすればイの神の直系だ、ロの神があるとすればロの神の直系だ、ハの神があるとすればハの神の直系だ、とかいうようになるわけです。そしてそのイならイ、ロならロ、ハならハという神の働きにいろいろなものが助けあって、この肉体人間が出来ているわけなんです。だから簡単に神は唯一絶対である、なんていっているのは、なんにも知らないからです。

老子や釈尊は何故神といわなかったか

宇宙絶対者は道であり法則として現われています。水は高い所から低い所へ流れる。電気もそうですね。暖かい空気は上に昇り、冷たい空気は下に降りる、これはみな法則ですね、流れです。その宇宙の法則そのものが神様なんです。そこで老子《ろうし》は神とはいわないで道といった。道にはいろんな道がありますす。道というのは自分が行なわなきゃならない。道にはずれたらその人が苦しむんだ、道にはずれないように、法則にはずれないように生きていかなければならない、というんで、いろいろと道のことを教えたわけですよ。

老子は神といったってしょうがないと思ったんでしょ。そうするとまた神に把《とら》われてしまうと思ってね。自分が善ければいいんだ、チャンとしていればいいんだ、いうことを老子はいうわけです。その行ないはどこからくるのが一番いいかというと、小智才覚《しょうちさいかく》をもって頭の中でこうしたらいいだろう、ああしたらいいだろうと、この決まった肉体の頭だけでガチャガチャやっていたんでは、決まった小さなことしか出来ないから、業想念というものを、小智才覚というものを全部、道の中に入れてしまえ、というわけね。どういうふうにするかというと、無為《むい》にしてなせ。

無為というのは何かというと、こうしよう、ああしようと思い巡らすものじゃなく、私がいるからあなたが、あなたがいるから私がいる、右があるから左がある、という相対的《そうたいてき》なものじゃなくて、すべてを道の中へ入れてしまえ、いわゆる宇宙神の中に入れてしまえというんです。自分という想いを全部なくしてしまうと、宇宙神の、要するに道の根本、一番奥の奥から本当の力が出てきて、その人は自由自在な働きが出来る、神と一つの働きが出来るんだ、ということを老子はいうわけです。

それで老子は神といわず道といい、道を大といってみたり天といってみたり、いろんな言葉で説いているわけです。神というと、一つの固まりだと思っちゃうでしょ。固まりを感じさせないように道といって、摑《つか》みどころのない自由自在なものに譬《たと》えていたわけですね。

その頃でもいろんな迷信の神がいっぱいありましたからね。把われるから神といわず、行ないの中、道の中にすべてを求めたわけです。

釈尊もそうです。お釈迦様は神っていわないでしょ。仏といった。自分の中のもの以外を考えさせないで、内からつながってこの現われの奥に本当の実在がある、大生命の力があるということを知っていました。お釈迦様の頃は、いろんな迷信邪教がありまして、蛇を祭って蛇の力を借りてみたり、狐狸《こり》の類《たぐい》の力を借りてみたり、動物を祀《まつ》ったりして、それを神だとかなんとかいって拝んだことがたくさんあるんですよ。そんなことをしていては人間性の尊厳が失われます。そこで神といわないで、人間自体が大事なんだ、自分が解《げ》脱《だつ》さえすれば業想念、つまり欲しいとか悲しいとか嬉しいとか恐ろしいとか、憎《にく》む恨《うら》む妬《ねた》むとか、そういう想いさえなくせば、内なる本体の大生命の力がそのまま現われてくるんだ、それが現われている状態を仏《ほとけ》の状態、如来《にょらい》というのです。

そういうようにならなきゃいけないというんで、坐《ざ》禅《ぜん》などさせて空《くう》になれ、要するに業想念のいろいろ乱れている想いを鎮《しず》めるわけです。神道でいえば鎮魂《ちんこん》というんですね。想いをしずめて澄み切って空《くう》になりさえすれは、仏様が、大生命の力がそのまま中から現われてきて、内催《うちもよお》しにいろんなことが出来るんだ、と教えたわけですよ。

そう教えながらも神《じん》といって、霊魂のことや守護神のことを教えています。それで梵天《ぼんてん》とか帝釈《たいしゃく》、多聞天《たもんてん》とかいっているでしょう。守護神ですね。やっぱり認めているわけです。主としては空《くう》というものを説いていたけれど、やっぱり言葉としては、守護神のことも説いているわけです。

イエス・キリストと天使群

イエス・キリストはどうかというと、人間の肉体というものがすべてを邪魔しているんだから、といって自分の肉体を磔《はりつけ》にかけた。それで肉体を抹殺《まっさつ》して、肉体に把《と》らわれているうちはだめなんだ、肉体の業《カルマ》というものは自分が代わりに払ったから、お前たちは無罪放《むざいほう》免《めん》されたんだ、と無罪宣言《せんげん》をしたんです。それで人間は神の子なんだ、ということです。そうすると弟子から見れば、イエスがキリストであって、神の独り子である、そのイエスの贖罪《しょくざい》によって、自分たちはイエスの御名《みな》を通して神様に救われていくんだ、という形で一人の中心者を出したわけ。永遠の中心者をイエス・キリストとして出したわけですよ。

各宗によっていろんな教え方をしているわけです。しかしこれを総合して考えてみますと、やっぱり唯一絶対者と守護神守護霊というものが、常に救っていることは間違いない。

イエスの場合でも守護神が随分出てくるでしょ。大天使とか天使とかいうのは守護神のことですからね。大天使ミカエルとかガブリエルとかいますね。大天使ミカエルはイエスの守護神ですが、イエスを守っていろいろ援助してくれていたわけです。

守護神でも、要するに個人だけを守っているような形の守護神もあれば、大きな意味の人類の運命を守るために或る人について働いている守護神もあるわけですよ。だから人類的な働き、国家的な働きという大きな働きをしている場合には、守護神がたくさんついているわけです。私のところには神々が一杯いるわけですから、神々がいろんな話もし、お浄めもするわけです。

ですから守護神というのは複数で、しかもその下に守護霊をつけて、守護神守護霊として働いているわけね。そして分霊《わけみたま》の働きを一番容易《ようい》にたやすく苦労なくさせようと思っているわけです。宇宙神の中にある自分なんだ、大生命の中にある自分なんだ、大生命の分《わけ》生命《いのち》として働いている自分なんだ、ということをハッキリ知らせようとして、一生懸命働いているのです。

人間神の子を自覚するまでには

守護霊守護神はいつも起きていて、夜、肉体人間が寝ている間に浄めているんですよ。守護霊の働きの大変なことといったらないですよ。肉体の人間はバカですからね、一秒先のこともわからないんですから、向こうから見れば幼い幼い子供みたいなものです。それを守っている。そしてこの子供がいうことをきくわけじゃない。こっちへいけばいい、こうしろ、といってても聞こえるわけじゃない。普通の人はね。いうことをきかないで向こうへ行っちゃう。しょうがないな、と思ってポンと病気かなんかさせて止めておいて、業を出させておいて、正しいほうに向けてゆく、ということをしている。だから病気をしたり貧乏をしたり、いろんな不幸災難にあったりすることは、すべて正しい永遠の生命の法則にのせるために、守護霊守護神がそういう業を消すために出しているわけです。そして永遠の生命を得させる、観得《かんとく》させるのです。そして初めて、人間が神の子になるんですよ。

だから人間神の子、完全円満なんたって、実はそうなるためには大変な苦労がいって、大変な消えてゆく姿をやらなきゃ、人間神の子完全円満なんかならないんですよ。それをやすやすと人間神の子完全円満、病気はない物質はない、なんて簡単にいったって、そんなこと出来っこないと私はいうんだよ。それは言葉のあやであって出来やしない。

それだから守護霊守護神にすがって〝守護霊さん守護神さん、いつも守ってくださってありがとうございます。世界人類が平和でありますように、私どもの天命が完《まっと》うされますように〟っていう思いで、自分が神の子！ なんて威張るんじゃないんです。謙虚な想いで〝こんなぼんくらな自分たちもまともに生かしてくださってありがたいなー、神様に守られて生きているんだな、ありがたいなー、ああ少しのご恩返しでも出来れば幸せだ〟と思う。それにはどうやったらいいか。〝世界人類が平和でありますように〟と祈ることが、自分で出来るただ一つのご恩返しだから〝世界人類が平和でありますように〟と感謝の思いで世界平和の祈りをするわけですね。

自分が偉いから世界平和の祈りをするんじゃなくて、自分たちが神々に助けてもらい、こうやっていい教えをきいていられる、ありがたいな、このご恩返しにせめても、という気持ちで「世界人類が平和でありますように、ついでに私の病気も治してください」と、こうやればいいんです。もう病気を治すのはついでなんですよ。貧乏を直すのもついでなんです。本当は永遠の生命が現われる、永遠の生命いわゆる神のみ心の中に自分がすっかり入りこんでしまうことが天命なんです。一番大事なことなんです。ついでに病気を治してもらって、ついでに貧乏を直してもらったりする。ついでなんです。

想いがいかに体や運命に影響を与えるか

それが今の人たちはついでじゃなくて、一番先に貧乏を直してもらう、病気を治してもらうんですね。それもこの世に生きている間は無理もないんですよ。けれど本末転倒しているんです。永遠の生命の法則にのれば、病気も貧乏もサーッと消えちゃうんです。

それをあべこべに病気をつかまえて、病気を治してくれ、貧乏をつかまえて貧乏を直してくれ、とやるからなかなか直らない。〝病気も貧乏もすべて、神様のみ心が、自分の生命を永遠の生命につなげてくれるためにやってらっしゃるんだな、ありがたいなあー〟と本当に思えば、消えちゃうんです。

新聞にこういう話がのっていました。二匹の猿を別々に動けないようにして、電気ショックをかけた。一匹には自分で手を出せば電気ショックを止められるようにしてある。片方はもう絶対に止めることが出来ないようにしてある。それで電気で衝撃を与える。そうすると、片方の猿は苦しいから、そのたびにショックを止めることを覚えた。もう一匹は逃れられないからしかたがない。観念しちゃってる、かわいそうにね。人間のためにしょうがないからね。それを続けて何日かたったら、一匹の猿が死んでしまった。胃だかに穴があいて胃潰瘍みたいな状態になって死んじゃった。どっちの猿かというと、ショックを自分で止められるほうの猿だった。要するに、ショックを止められる猿は、ショックが来ると止めてその衝撃から逃げられるけれど、また電気ショックが来やしないか、といつも恐れながら脅えながらいた。それで胃潰瘍かなんかになって死んじゃった。片方はもうあきらめちゃって、しょうがないや、なんか自然の作用だって……。猿とはつらいもんですよ、まったく（笑）。この猿のほうは死なず、長生きした、というわけなんですね。

人間でも動物でも、恐怖の想いを持つ時にはそれだけ体が弱っちゃうんだ、もうしょうがない、逃れられないものとあきらめちゃって、まかせた心境になると、体は痛まないいんだという動物実験をしたわけです。人間はもっと感情が激しい、想いの動きが激しいから、もっと顕著に現われるわけです。そういうもんです。だから人間の想いがいかに病気を悪化させ、また病気を作っているか、不幸を作っているか、いかに運命に影響を及ぼすか、それがこの実験ではっきりわかるんです。医学的な証明なんです。

イライラ、プンプン、メソメソをなくす方法

それで私たちの教えていることは、その恐怖する想い、イライラする想い、妬《ねた》む想い、恨《うら》む想い、その他いろいろな想いがあります。心を乱すような想いを、一切どこかになくさなければ、人間の運命は不幸になっていく。幸福にならない。その想いをどこになくそ

うか。世界平和の祈りの中へ入れてなくしてしまおう、というんです。
今日一番必要なものは何かといったら、世界人類が平和になるっていうことなんです。誰も彼もが一番欲していることです。そこで〝世界人類が平和でありますように〟という想いの中に、自分のいろんな妬みも恨みもつらみも、つらみなんてあるかないかしらないけれど、そういうのをみんな入れちゃうわけですよ。そうすると観が転換する。想いが転換して、私は世界人類の平和を願っているんだな、っていう明るい光明の心になってくるわけです。

世界平和を願っているのは神様のみ心なんですよ。だからみ心の法則にピタッと合うわけなんです。〝世界人類が平和でありますように〟という時には、自分の想いが宇宙神、大生命の法則に乗ることになるわけ。レールからはずれて動けなくなった汽車が、元通りにレールの上に乗って走り出すのと同じなんですよ。ですから、病気をしていようと、不幸をしていようと、喧嘩していようと〝世界人類が平和でありますように〟と思った時は、もう神様のみ心の中に入っているわけです。法則に乗った、道に乗ったわけです。だからそれを続けていけば、ズーッと道に乗りつづけていくでしょ。

ところが人間は浅い考えをもっているもんだから、ちょっと世界平和の祈りをして、ちょっと病気が治らなかったり、貧乏が直らないと、世界平和の祈りをやったって、病気は治らない、世界平和より自分の病気のほうが先だ、自分の貧乏のほうが先だ、なんていって、折角乗ったレールからまたはずれてしまう。それでまた考えて世界平和の祈りをやりましょう、なんてやる。しばらくするとまただめだってはずれてみる。

折角天国行きの汽車に乗ったのに、なかなか着かない、と途中下車する。一台乗りおくれてから、しょうがないと後から来た汽車に乗る。また途中下車して、まだ着かないとやっているのと同じですよ。乗りっぱなしなら、先にスーッと目的地に行っちゃっているのに、乗ったり降りたりしている人はなかなか着かない。それじゃだめ。乗ったら最後、因《いん》果《が》とあきらめて（笑）、世界平和の祈りの汽車に乗ったんだから必ず平安に目的地に着くんだから、生きるも死ぬも五井先生と一緒に行きましょう！　と肚《はら》を据《す》えて乗っていれば、何も自分でオタオタ動かなくたって、ちゃんと目的地まで運んでくださるのですよ。それでも心が不安だったら、ああこれは過去世の因縁の消えてゆく姿だな、と思うのです。

救われちゃう

うちへ来て一番喜ぶことは〝消えてゆく姿〟という教えです。「今のあなたが悪いわけじゃない、過去世の因縁が光に照らされて消えてゆく姿として現われているんだから、それを世界平和の祈りの中へ入れちゃいなさい」というんで、消えてゆく姿と世界平和の祈りでみんな赦《ゆる》しちゃうでしょ。そうすると自分が赦されるんです。ああ消えていく姿だったのか、ああそれじゃ私が悪いんでもあの人が悪いんでもなかった。ああよかった、助かった、と思うんですよ。

助かったと思うと、フーッと心が楽になるから病気も何も治ります。怒《おこ》りたいのを我慢したり、モヤモヤしたのをこらえていたのが、スーッと消えていくんです。こらえているのが一番いけないんです。必ずどこかで出るからね。だからそれを現わさないで、人を傷つけず、そして自分がこらえないで消してゆく方法が、消えてゆく姿で世界平和の祈りという方法です。世界平和の祈りの中に入れてしまうと、消えちゃうんですよ。

（昭和39年3月15日）

（注8） 巻末の参考資料の第2図参照。

神愛の代行者

自分を二つに考える

守護霊守護神さんと本心について話してみましょう。

昔、禅宗のお坊さんに、「本心さん、本心さん」と、常に本心に呼びかけて生活していた人がありました。そこで自分を二つに考えるといいと思うのです。肉体に附着して、肉体生活の中で生きている自分というものと、神界から肉体界まで通して生きている自分というものと、二つにハッキリ分けるといいんです。

神界から肉体界までズーッと通している自分が本心、本体であるのだけれど、肉体界に生きている便宜上、肉体の波動圏の中で、肉体の常識の中でわれわれは生きているんだ、というふうに考えるといいんです。それで肉体界のほうはすべて消えてゆく姿。やがて七十なり八十なりになると肉体は消えてゆきます。消えない肉体というのはありません。現われたものは必ず消えます。ところが本心というものは永劫《えいごう》に消えない、永遠の生命なんです。その永遠の中で、肉体界という界があって、そこでわれわれは生活するわけです。

肉体界の自分というものだけでは、業に蔽われているこの世の中を渡っていくわけにいかないことが神様にはわかっておられるので、直霊から分かれた救いの光の守護神を肉体界の援助としてつかわし、祖先の古い霊魂を守護霊とし、人間の運命を守ることになさった。そして、直霊―分霊としての本心と守護の神霊と、外と内と両面から肉体の人間を生かそうとして、神様は働いていらっしゃるわけです。

だから誰にも頼らないで、自分自身で生きていこうと思えば、本心をいつもいつも思う。自分は本心なんだ、神の生命なんだ、本心さん有難うございます、と本心を出してゆくことです。本心が現われるとどういう姿になるかというと、愛の心と調和の心と誠の心、美の心と勇気という要素がスッキリ現われてくる、ということです。ところが全部現われきっている人はありません。たまたまちょっと勇気が現われたり、ちょっとたまに愛が現われたりしていますが、これは損するから止めようなんて、愛が時々しぼんだりして、愛するということでも、自分の身を捨てて愛するということは、なかなか出来ないですね。

若い人、いわゆる家庭生活もなんにもない人、自分一人の人は、人のために命を投げ出すことが出来ます。ところが家族が出来て、妻があり、夫があり、子供があると、夫や妻や子供を捨てて人のために命を抛《な》げ出すなんてとても出来ない。それが出来なければだめだというけれど、それはなかなかむずかしく、そうしろというのは酷《こく》な話です。

守護の神霊方が代行してくださる

そこで守護霊守護神という神様が身代わりになって、分生命《わけいのち》の人間の出来ないことをやってくれるわけです。そして本心をだんだん現わしてくださる。だから常に守護霊守護神さん有難うございます、といって守護霊守護神さんと一つになっていれば、自分で出来ないことを代わってやってくださる。たとえば、人を愛することでも忘れていますね。いつでも人を愛する心でいっぱいだという人もありますけれども、大体は自分のことを思うほうがいっぱいで、たまたま暇《ひま》になってきて人を思ったりする。さびしいから人を思う——それは愛することではない。人間は自分本位ですから、やっぱり自分になってしまうのです。私はそれでいいと思うんです。

自分より人を愛せ、といったって、お互いが自分より人を愛せればいいけれど、自分が自分より人を愛し、相手が相手自身だけしか愛していない、ということにでもなると、片寄ってしまいますからね。だから、やっぱり自分を愛し、自分の家族を愛し、自分の子供を愛するということは当たり前です。自分のことを愛していいんです。ただつきつめていきますと、自分も他人も、自国も他国もみんな神の国では一つなんだということに行きつきます。が、なかなか行きつかない。行きつくまでに相当長い年月がかかるわけです。人間が進化し、宇宙天使のように進化していくために長い年月がかかる。今はその過程にあるわけです。

そうすると、神に頼らず、守護霊守護神に頼らないで、自分で本心を出そうというのはむずかしいわけです。ですから、出来ないところ、足りないところを「守護霊守護神さんお願いいたします。私はなんにも出来ません。肉体人間の私は罪悪深重《じんちゅう》の凡夫で、実践しようと思っても、つい迷うから出来ません。どうかよろしくお願いします」というへりくだった気持ちになって、守護霊さん守護神さんに任せるんです。

頼まれりゃ可愛いもので、人間でも頼まれれば、窮鳥も懐に入らば……というようにかばってくれる。まして守護霊守護神さんは守るために来ているんですから、守護霊さん守護神さんといえば想いが近づくので、より守り易くなるんです。それで危ないところを助けてくれる。また力をかしてくれるのです。

たとえば、ある人のことを思っている。けれど二〇パーセントしか思えない。ところが守護霊さん守護神さんよろしくお願いします、と頼んでいると、自分の守護霊守護神のほうから向こうの守護霊守護神に力をかすわけです。肉体の自分は二〇パーセントの力しかないけれど、守護霊守護神のひびきが五〇パーセント加わるから、合計七〇パーセントも向こうに力がゆくわけです。

肉体人間は力が少ないのだから、守護霊守護神という神界霊界の力ある方にお願いしながら、日常茶飯事を一生懸命、自分の家のために尽くし、会社のために尽くし、自分の持ち場持ち場で一生懸命やればいいわけなんです。そして世界平和の祈りをしていると、自分の天命も完《まっと》うされてゆくし、他人の天命も完うされる力にもなる。世界人類がやがて一つになって、平和運動するということになるわけです。理想をすぐ現実に引きおろし、現実化しようと思うといけない。

インテリ知識階級の人にはよくあるんですが、神様にすがるということが恥ずかしい気がする。自分が無知のような気がしてくるわけです。だから心の中で思うけれど、表面きって神様とはいえないわけです。

何も人にいうことはないから、自分の心の中ではいつも守護霊守護神に頼って、自分の現象の行ないを人に頼らなければいい。現象の行ないは自分で一生懸命やっている。ただ心の行ないで、自分に出来ない、手の届かないような愛の行ないや勇気の行ないなどは、神様にお願いする。そういう生き方をすれば恥ずかしくはありません。

生活は無理なく自然に

だから私はいつもいいます。無理をしたんじゃいい行ないは続かない、無理をしないで当たり前に、自然に行なえるような生活をしなさい、と。それが私たちの宗教の根本なのです。自然な行ないをしながら、良いことが出来るのは何かというと、祈りによる平和運動です。「世界人類が平和でありますように」この一連の祈りというのは光ですから、自分の体からパーッと光が地球上にふりまかれるわけです。

世界人類が平和でありますように、というのは神様のみ心なんです。みんなが調和して、みんなが仲良くして平和であれ、というのは人類の親様である神様のみ心です。それを人間側が受けて、世界人類が平和でありますように、と祈るんですから、神様の心と人間の心が一つになるわけです。そういう立場にたって生活をしているんですから、悪かろうはずがない。しかもやさしく理解できる言葉ですから、本当に光が放射されてゆく。こういう祈り言葉の中に入って、しかも日常生活を当たり前にしてゆくと、なんにもわからず、日常生活だけのことで暮らしている人とは、雲泥万里の差が出てきます。ですから皆さんは幸せな方々です。

皆さん方が例えばこれから霊界にいらっしゃっても、霊界ではいい立場がいつも待っています。またおばあちゃんが祈っていなくても、娘さんや息子さんが祈っていますと、そのおばあちゃんはいい所へ往くのです。それは不思議です。何故かというと、子供さん、あるいはお孫さんが祈っている光が広がってゆく、いわゆる徳です――その徳によっておじいちゃんおばあちゃんが、ちゃんといいところへ往かれるのです。それが「みたままつり」[注9]なんです。ズーッと昔の先祖まで、子孫の祈りの光に乗って、いい所へ往かれるわけです。

皆さんの祈りというのは、先祖のためにも、子孫のためにも、人類のためにも、絶大なる効果を発揮するのです。やがて自分の本心がそのまま開いて、日常茶飯事、なんにも苦労せず良い行ないが自然に出来る、愛も自然に深くなる、ということになるんです。

（昭和48年8月26日）

自分の体が大きくなっていると思えばいい

一番簡単に守護霊さん守護神さんが自分の味方として感じるには、自分の体が大きくなっていると思えばいいんです。自分が五尺何寸としますと、その二周りも三周りも周りを取りまいて守っていてくださる、というように感じるのが一番いいと思います。

ここに自分がいると周りに守護霊さんがいる。またその上に守護神さんがいてズーッと自分をかこって、守護霊さん守護神さんの光の中に自分が生きているんだ。どんな暗闇を歩いていても、どんな危ない所を歩いていても、ああ守護霊さん守護神さんが周りを取りまいていて、守っていてくださるんだ、というふうに思うと楽ですよ。実際に誰も彼も守られているのです。

守護霊さん守護神さんからみれば、あなた方はみんなわが子なんです。〝愛《いと》しの我が子よ〟という具合に現われてくる場合もあります。ですから守護霊さん守護神さんはみんな魂の親であり、魂のお祖父《じい》さんお祖母《ばあ》さんであると考えてください。

霊力が欲しいとか、神様の姿をみたいとか、霊界のことを知りたいとかあまり思いますと、かえって足許が乱れまして、日常茶飯事、当たり前のことをやらなくなってしまうのです。この世の常識の世界の勉強をしながら、常識の世界の生活をしながら、お祈りに励んだほうがいいと思うのです。あまり神霊の世界のことばかり考えると、どうしても足が地上から浮いてしまって、この世を逆立ちして歩くようになる。だから本当は三六〇度変わらなければいけない。それには大変な修行がいるのです。

三六〇度変わるというのは、今まで肉体が主であって、肉体の人間であると思っている者が、お祈りによっていつの間にか、自分さえも意識しないうちに、神霊の体になっているということです。そうしないとわざわざ断食してみたり、滝にあたってみたり、わざわざ肉体をいじめてみて、肉体を蔑視しようとするわけです。そんなことをすると、体をこわしたりしますから、当たり前に、自然に知らないうちに悟ってゆくということが、私どもの祈りの方法なのです。

繰り返しますが、きょう憶《おぼ》えておくことは、守護霊さん守護神さんは自分の体をズーッと大きく取りまいて歩いているんだ、自分が歩いている時は、守護霊さん守護神さんが自分を抱えて歩いてくださるんだ、ということ。それを信じれば信じるほど守護霊さんの守りが強くなります。そう思って歩いてください。

あと何か悪いことが出てきたら、それは過去世の因縁が消えてゆく姿。守護霊さん守護神さんといったって、なんにも悪いことが一つも出てこないわけじゃない。悪いことや嫌いなことがあっても、それは過去世の因縁が神様の力で消されていくんです。その人に一番都合のいいように過去世の因縁が消えてゆく姿となっている。うまく守護霊さんが消してくださるんだから、何が出てきても、自分にとって一番いい状態として出てきているんだ、軽く出してくださるんだ、というふうに感謝して、守護霊守護神さんと一体になって生きるということが大事です。

（昭和48年12月9日）

段階をつなぐ守護霊さん守護神さん

人間といいますのは、神様の一番もとの世界からこの肉体の世界まで、何十段階という段階があり、その段階をいのちの力が通って肉体まで来ているんです。ふつうキリスト教で天なる父といって絶対者を呼びますが、絶対神のところまでいくには、大変な修行がいり、大変な浄まりが必要です。

実際は宇宙の唯一の神様と一つになっているんだけれども、なかなか一つになった実感がわいてこない。そこでその間に守護霊さんがあり、守護神さんがあって、大神様との間をつないでくれるわけです。だから、われわれが肉体をはなれてまずどこへ行くか、どこの段階にゆくか。肉体のすぐ近くの幽界に行くか、あるいは霊界へ行くか、神界まで行ってしまうか。それは日頃の自分たちの信仰によるわけです。

全く神様と一つである、守護霊さん守護神さんと全く一つであると思いこんでいて、いつも守護霊守護神と同じような想いで生きていれば、守護霊のいる世界、守護神のいる世界へ行ってしまうわけです。

近頃は、物がなくなることばかりこわがっています。石油がなくなったらどうしよう。紙がなくなったらどうしよう。どうしようどうしようと思うけれど、実は、肉体の自分がどうしようと思うより先に、神様のほうで、その人の徳に従って、ちゃんと決めてあるのです。誰々は一生の間にどれだけお金を使える、とか誰々にはどれだけのものを与えてある、とか決まっているんです。だからあわてて、競馬、競輪をやってもうけようとか、宝くじでかせごうとか、いっぺんに金もうけをしようということは、仮にパッと百万でも千万でも金が入ったとしても、一生の間に八十年なら八十年の間に入るものを、いっぺんに途中で前借りしてしまうということなのです。

宝くじに当たると、いかにも助かった気がするでしょう。しかしそれは前借りなんです。そうするとこれはあとで減っちゃうわけです。平均してくるものが来なくなってしまう。それで、前借りして、これはもうかったと思いますね、そう思うから、友だちにもやってしまう、ぜいたくもしちゃう。ちゃんとかせいで入った百万円と、宝くじで入った百万円とでは使い方が違うと思うんです。

粒々辛苦《りゅうりゅうしんく》してかせいだ百万円なら、大事に使います。宝くじや競馬で入ったお金だったら、パッパッと使ってしまう。無駄使いしちゃう。前借りして使うんだから、後から来ないのです。そうすると、晩年になって減ってしまうのです。

一番いいのは、必要なものが必要な時に入ってくる、平均したお金や物の入り方が一番いいんです。あんまりだぶついていたら困りますよ。私たちは皆さんに物を頂きます。下さった方に悪いけれど、まわりに配ります。配給所になるわけです。自分だけ貯めておいたらそれは大変です。物に殺されちゃう。頂くものは有り難く、その物をうまく使い、生かします。要するに感謝です。

たとえば自分がやっと食べられても、食べられない人より有り難い。人よりちょっと余っていたら、ああ人より余って有り難い、なんでも物を大事にして、物に感謝すること、これが一番大事です。それは守護神さんと自分の徳と合わせて出来ているものです。

物と同じように、この世を去って往く世界も決まっているのです。決まっているけれども、決まっていて決まっていないのです。自分の肉体の現象の力で出来るのが二〇パーセントある。あと八〇パーセントは潜在意識で決まっている。二〇パーセントの中で、守護霊さん守護神さんとつながって、守護霊守護神さんの力でもって運命を変えてもらうわけです。ですから一応決まっているが、さらにいい所へ行きたいと思ったら、守護霊守護神さんとピタリ一つになって、スーッと上へ行けばいいわけです。

守護霊守護神への感謝が生死を超える

死ぬことがこわくなくなるにはどうしたらいいかというと、守護霊さん守護神さんとピタリとつながって、自分の行く先は守護霊さん守護神さんがうまく決めてくださっているんだ、というふうに信ずることです。それがたゆみない守護霊守護神への感謝行として行なわれてゆけば、そのままいつでもピタッと一つになっているわけです。そういう気持ちで生きていれば、生きることも死ぬことも、なんにもこわくなくなるのです。

一番人間の心を支配するのは、死ぬことの恐れです。だけど一番楽なことは死ぬということなんですよ。病気で苦しんでいるより死んだほうが楽です。ところが死のうと思ってもなかなか死ねるものじゃない。また自分で勝手に死んだら地獄へ行ってしまいます。だから死ぬことを楽にするためにも、日頃から守護霊さん守護神さん有難うございます、いつも守っていてくださって有難うございます、という素朴な感謝を毎日続けていけば、一番その人が幸せになるのです。

もし重病人の人がいたら、慰めるのも物などでなく、いつも神様の話をなんとなくしてあげることです。どこへ行ったたって守られていますよ、こうやって寝ていても神様が守っていてくださるし、たとえあの世へいっても守っていてくださる。いつだって神様が守っていてくださるんだから、ということを聞かせていれば、それが一番の功徳になると思うんです。

何か一つ質問があったらしてください。

問　**歯医者さんは、歯が痛むのは歯がくさるのを知らせるためだ、といいますが、精神的な悩み、苦しみ、この世の悪い現象があらわれた場合、病気治療と同じように、どうしてそうなったのか、とその原因を考えたほうがいいのでしょうか？　それともそれは消えてゆく姿と思って何もさぐらないほうがいいのでしょうか？**

答　歯の痛みの時は自分でどうしようとか考えないで、専門の歯医者さんにまかせてしまうわけです。精神の場合は、どこにその精神の痛みの原因があるのか表面の意識をさぐっただけではわからない。さぐってさぐって奥のほうへ入ってもわからない。それこそノイローゼになってしまう。だからお医者さんと同じように、専門家に任せないといけない。どういう専門家がいいかというと、守護霊守護神さんというお医者さんに任せてしまうんですよ。

「自分ではよくわかりません。なんか過去世の間違ったことであるに違いないけれど、今自分でいくらさぐってもわかりませんから、どうか守護霊さん守護神さんよろしいようにお願いします」といって、守護霊守護神さんに任せちゃう。それで「ああこれは過去世の因縁の消えてゆく姿なんだな、守護霊さん守護神さん、お願いしますよ」と、任せて任せきりにしちゃうんです。そうするとその精神の痛みはなくなります。それでしかも、潜在意識の録音盤に入っていかないわけです。

自分でやりますと、長い間その原因を探っていてノイローゼになる人が多いんです。それで結局わからない。一つの原因があります。それはズーッと奥深くて、前生《ぜんしょう》のまたその前生、過去世までズーッとつながっているんです。

たとえば母親を恨む悩みとか、夫婦の間のいさかいとか、表面に出たのは大したことはないいんだけれども、ズーッとたどってゆくと過去世の原因になってしまう。しかし過去世のことはみんなわからないわけです。それは守護霊さん守護神さんはよくわかっているから、そういう専門家の守護の神霊にお任せしてしまうことです。それは歯の痛みを、歯医者さんに任すと同じなのです。

（昭和48年12月16日）

（注9） 白光真宏会の先祖供養の行事。現在は「神聖復活祭」に発展した。

神様に生かしていただく

守護霊守護神が体を動かしている

人間はふつう誰でも肉体が自分で動いていると思うでしょう。それはとんでもないことで、肉体がこうして動いていることは、守護霊、守護神が肉体を動かしていることなんです。

心臓を自分で動かせるものじゃないし、肺臓よ動け、といって動かせるものじゃない。五臓六腑は全部、自分が知らないのに働いていていてくださるんです。それと同じように、人間のこの世の生活というものも、自分でやっているように思うけれど、実は神様のほうで、その人の過去世の業にてらして、ふさわしいように生かしてくださるわけなのです。

いいかえますと、今こうして生きていらっしゃる皆さんを初めすべては、過去世の因縁因果のその集積として、その結果として今の環境があり、今の身分があり、今の智恵才覚があるわけなのです。それで現在はどうしているかというと、神様の力（智恵も才能も）がそのまままっすぐに降りてきているわけなのですが、その神様の折角の智恵才覚を、過去世の業因縁、間違った想いが覆ってしまって生かしていないわけなのです。

そこでお釈迦様は、本当に悟るためには空《くう》にならなければいけない、と説かれたのです。小智才覚で想いが乱れる。それを自分だ自分だと思っている。その自分だ自分だという想いをなくせ、空《から》っぽにしろ、と坐禅観法を教えたわけです。おれの智恵だ、おれの才覚だ、おれはこうだというのは邪魔なんです。それを無くして空《くう》になりますと、毎日、瞬々刻々流れてきている神の智恵や才能がそのまま現われてくるわけなのです。

それがわかると世の中はいいんだけれど、それがわからない。わからないから国と国とでも、お互いがにらみ合い、疑い合い、今騙《だま》されやしないか、攻められるんじゃないか、というんで軍備増強に狂奔《きょうほん》したり、策戦をねって政治をするわけです。本当はそういうことは必要ないんです。ところが人類の大半はわからない。

そこで神様はいろんな聖者を出して、小智才覚はだめなんだよ、いつも神、仏があなた方を守って、あなた方の生命、あなた方の生活を保障しているんだから、そのまま任せておきなさい、と教えた。空の鳥を見よ、というイエスの言葉があります。播《ま》かず刈《か》らず倉に収めず、けれどちゃんと育っている、養っているということなんですよね。そういうと、「そんなこと言ったって、俺が考えなくちゃ何も出来ないじゃないか」という。俺がやらなきゃ、というけれども、俺がやるんじゃなくて、神様のほうからやると〝俺が、私が〟といっている何層倍の力、成果がそこに現われてくるのです。

神様に生命を投げ出す練習を

皆さんは肉体でやろうやろうと思いなさんな。肉体の智恵、力でやるんだ、ということは一切捨てて、この世に生まれたのは神様が生んでくださったんだから、生活するのもあの世に行くのも、みんな神様がやってくださるんだから、神様にすっかり任せましょう。しかも祖先の悟った霊の守護霊さんが守っているし、また守護神さんも守っていらっしゃるんだから、みんな神々にお任せしましょう、といって全部投げ出しちゃうんですよ。

投げ出す練習をしなきゃいけない。そうすると一〇〇パーセント投げ出さなくても、五〇でも六〇でも投げ出すと、それだけの力が倍加されます。

肉体的に力んだら駄目なんです。何でもかんでも神様にやっていただく。この肉体は神様の器ですからね。人類が四十億ある。それが全部神様の光の器なんです。それを業《ごう》の器にしちゃっている。黒雲の器にしているんです。それを神様の器に変えるために、世界平和の祈りがあるわけです。

世界平和の祈りを日々《にちにち》、瞬々刻々《しゅんしゅんこっこく》やっていますと、自分の身体が神様の器に変わると同時に、そのまま光の放射体になって、地球世界に光を放射していることになるわけです。

だから、いつでも常に常に、自分が生きているんじゃなくて〝神、我《われ》と倶《とも》にあり〟、神様が自分たちを生かしてくださっているんだ、いつでもいつでも守護霊、守護神さんが守っていてくださるんだ、左の足を一歩進めるのも、守護神さん、右の足一歩歩むのも守護神さん、手を振るのも守護神さん、なんでも守護神さん守護霊さんがやってくださるんだ、と思うことです。

天命が完うされますように、という祈り

これは自分ばかりじゃなくて、相手に対しても他人に対しても、守護神さんがいらっしゃってやってくださっているんだな、今、あの人は悪いことをなさっていらっしゃるけれども、あれは過去世の因縁が消えてゆく姿として現われているんで、一日も早くあの方の過去世の因縁が消えますように、守護霊さん守護神さんよろしくお願いします、というように思うことです。

罪は罪、悪は悪です。しかしそれはあくまで過去世のものが悪いんで、過去世の因縁の

消えてゆく姿で、今のその人じゃないんです。今のその人は神様の子です。みんな神様の子なんですよ。

でもこの世の中には、神様の子ではない、悪魔の子みたいなのがいるでしょう。それは過去世の因縁が悪魔の顔をさせて現われている。それを悪魔だと思ったら、この世は悪魔になっちゃいます。あっ悪魔が消えてゆくんだな、消滅してゆくんだな、それは中の守護霊守護神さんが悪魔を引き出して消してくださっているんだな、どうか早く悪い姿が消えますように、そして一日も早く神様のみ心である、あの人の魂が光り輝きますように、言い換えれば、あの人の天命が完うされますように、そういう祈り言《ごと》にかえるわけね。私どもの天命が完うされますように、あなた方の天命が完うされますように、すべての天命が完うされますように、世界人類が平和でありますように、という祈りになるわけです。本当に真理を知ると、自然とそうなってゆくわけです。そうやって生きていきますと、何事もうまくいくことになるんです。

（昭和48年4月1日）

守護霊守護神と平和の祈り

一人の人に守護霊三体

守護霊、守護神のことを本当に知りますと、これほど力強いことはありません。皆さんは耳にたこが出来るくらい聞いていると思いますが、もう一遍念を押しますと、一人の人には必ず守護霊が三体（主守護霊と副守護霊二体）守っているのです。これは間違いもないことです。

ふつうキリスト教では神様といいますと、全智全能の創造主、創り主の神様だけが神様だというように思います。その中継はイエス、あるいはマリアさんということになるんですが、実は唯一神の創り主の神様が、いろいろに分かれまして、各守護神になっているわけです。それで一番先に分かれた守護神さん、大神様のそばの守護神さんがうんと力が強いわけです。そして円型のピラミッドみたいになってズーッと下がってゆくわけです。

霊界、幽界に近くなると、だんだんひびきが弱くなってくるんです。だから新しく守護神さんになった人は、一番初め神様が守護神さんにした神様よりは力が弱いわけです。皆さんにどういう神様がついているかは別として、一番若い守護神さんでも、世界平和の祈りをして、いつも大神様のそばにいると、これは強くなるわけです。

守護霊さん守護神さんの位があがる

皆さんが一生懸命、平和の祈りをしますね、守護霊さん守護神さん有難うございます、とやっていますと、守護霊さん守護神さんの位《くらい》が知らない間に高くなっていくんです。位が高くなると、それだけ力が強くなるんです。力が強くなると、肉体の自分が守られやすいということになるわけです。

よく守護霊守護神がついていて、どうして泥棒するんだ、という人がいますが、業が消えてゆく姿としてはっきり出てしまうのです。そこで、はたから一生懸命祈ってやれば、一人で守れないものでも、はたから守ってやることが出来るわけです。

そういうわけで、常に守護霊守護神さんと一体になって平和の祈りをしていれば、守護霊守護神さんも得《とく》をするし、肉体の自分も得をするわけです。それをしっかり胸の中に入れておいてください。

肉体をもっていれば五十歩百歩

皆さんはおとなしい、謙虚な方が多いから、自分なんか大したことはないと思っている。ところがこの世の中で、大したことだと思っている、たとえば総理大臣になった人でも、何々博士になった人でも、大した違いはないんですよ。宇宙天使の宇宙の神霊の力なんかと比べたら、この世の中で一番偉そうな人でも問題にならないんです。この世の中で一番素晴らしい発明能力のある人でも、向こうから比べればほんの一番端っぽを感じたぐらいなのです。一番愛の深い人というんでも、向こうからみれば一番愛の薄いのより下、というくらいのすごさなんです。

だから上《うえ》ったって下《した》ったって、肉体を持っている以上は、五十歩百歩ですから、自分はダメだなんて思わないで、自分には守護霊さん守護神さんがついているんだ、神霊と協力して一生懸命、私も立派になるし、守護霊守護神さんのためにも尽くし、守護霊守護神さんにも守っていただこう、というんで、守護霊守護神さん有難うございます、世界人類が平和でありますように、と祈るわけです。

宇宙人も働き出している

世界平和の祈りは自分のためでもあり、国のためでもあり、人類のためでもあり、宇宙のためでもあるわけです。もう今は地球だけの世界ではありませんからね。宇宙全体のことを考えないと、この地球は滅びるわけです。宇宙の中の地球という観念で生きない以上は、絶対に地球は亡びます。

そこで神様は私たちを使いとして遣わして、平和の祈りを宣布し、平和の祈りの大光明波動にのって、宇宙人が働きやすくなって、だんだん現われてくるわけです。われわれに宇宙子科学を教えるために働いていらっしゃいますけれど、宇宙子科学だけではなくて、いろんな形の面で働きかけてきています。

宇宙の神霊の力と一つにならなければ、いくらどんな理論をいったって、この地球の世界は救われない。社会主義がいい、共産主義がいい、何々主義がいい、といったってそんなもんじゃ、いつでも相手がありますから、相手が自分のいうことを聞かなければ、これをやっつけたくなっちゃう。これでは平和はいつまでたってもやってこない。

軍備を持たなければ国を守れないとか、こうしなきゃ守れないというようなものでなくて、アメリカもソ連も中共もどんな軍備を持っても手も出ない、というような、そういう素晴らしい大きな力、科学力が現われて、地球人と手をつないで治めていかないことには、地球はもういけません。

神様は「そうする」とおっしゃって、現在、本当に実行していらっしゃるわけですよ。

（昭和51年1月18日）

質疑応答

問 神様にお任せしながら、全力を尽くすということは、どういうことでしょう?

答 お任せというのがなかなか出来ないですが、お任せしたつもりで、どこまでお任せしたか判断に苦しむわけでしょう。

お任せというのが単刀直入にわかる方法は、あらゆるものに感謝できる、ということです。たとえば人にぶたれても、〝有難うございます〟。損をしても〝有難うございます〟というように、あらゆるものを〝有難うございます〟と受けられるようになれば、これはお任せなのです。

そこに基点をおいて判断するとよいでしょう、あらゆるものに有難うございます、といいながら、日常茶飯事のことを一生懸命やる。勉強なら勉強を一生懸命やる。会社の仕事なら仕事を一生懸命やる。置かれた立場で一生懸命働く、活動するということです。

だからお任せなんて簡単。観念論的にお委《まか》せというのではわからないわけです。だから観念論的に考えない。文章上で「お任せ」と書きますけれども、受け取ったほうはお任せとはどういうふうにお委《まか》せの状態になるか、ということは自分で研究するわけです。それでアドバイスをすれば、〝有難うございます〟という境地に自分がなりきれば、それがお任せだということになります。

問

守護霊守護神さんがついているのに、なぜ人間は悪いことをするのでしょう?

答

譬《たと》えていうなら、水を飲みたくない人がいるとします。しかし水を飲まないと体が弱る、と人が思っても、無理やり口をねじあけて飲ますわけにいかない。食事でもそうです。食事をとらないとその人は弱ってしまう、食事をとれ、といっても、食べたくない、という人の口を開けさせて、食べさせるわけにはいかない。それと同じように、守護神さんが後ろから守っているのだけれど、業想念が深くて、厚くて、いくらアドバイスをしても、ひびきを伝えても伝わらない。人間側がわからない、という場合があるわけです。

守護霊守護神が一生懸命守っている。しかし守られているのを知らないから、全然ふりむこうともしない。そうするとやっぱりお陰がないことになります。守られていながらお陰のない人は、せんじつめれば、要するに自分の運命はすべて自分が創るんだ、自分の行ない、自分の想いが自分に返ってくるんであって、誰のせいでもない。善くなるのも自分のせい、悪くなるのも自分のせい。あらゆることは、自分の一挙手一投足、自分の想い方ひとつによる、ということになります。

(昭和49年2月24日)

問 人間が死んだ場合、自分を守ってくださっていた守護霊守護神は離れていくものでしょうか?

答　ズーッと続いて守っています。それでちゃんとその人に都合のいいような相手を選んで、いろいろと指導してくださるわけ。村田正雄さん(注10)の『霊界通信』の通りです。

問　**動物にも守護霊守護神がいらっしゃるのでしょうか？**

答　動物にも守護霊がちゃんとついて守っているんです。ただ人間の場合と守り方が違うのです。

面白い話ですが、飼い犬や飼い猫、あるいは鳥などは、飼う人の肉体の魄《ぱく》波動と合うものがその人のところにくるんですね。だから主人が病気になるところを、身代わりに飼い犬が病気したり、飼い猫が病気したりすることがずいぶんあります。それから可愛がっていたご主人が死んじゃうと、すぐ犬や猫が死んじゃうことがあります。魄波動が似ているんで主従になるんです。それこそ因縁因果で飼い犬になったり飼い猫になったりするんです。だから飼い犬や飼い猫を可愛がるのは当たり前なんです。

だから動物といって人間から離れたものに考えているけれど、魄《ぱく》的にみれば同じようなものなのです。だけど霊的にみると、人間は神の分生命であって、万物の中心のものだけど、動物というのは魂魄《こんぱく》で霊という形じゃないんです。

人間は霊魂魄《れいこんぱく》として肉体に来ている。そして神界から霊界に守護神がいて、霊界から幽界にかけて守っている守護霊をさらに守っています。ところが、物質波動としての人間、つまり肉体は、動物と同じなのです。同じ立場なんですよ。人間は万物の霊長だというのは、どこがどう違うかというと、本心のほうが神霊の神様の世界から、霊の世界、幽の世界、肉体の世界とつながっていて、自由意志があり、創造力もあるわけです。

人間はまっすぐに神様とつながっている分生命なのですが、動物は神様に操られたままなのです。幽体も肉体も神様に創られ、神様に操られたままである。人間は自分の本心が自分を動かしているわけです。そして肉体のほうの自分で勝手に作った想念波動で、神霊の自分の本心の在り方を邪魔しているのです。それが業想念です。そして自分で不幸になっているわけです。それを過去世の因縁の消えてゆく姿と私はいうわけです。

動物のほうには自由意志がなく、神様に創られ人類の想念波動を受けて、動かされている。そこが違うんですが、魄の世界においては人間と同じなのです。だから人間が肉体人間として、肉体のことばかり思っていれば動物と同じだし、動物よりも低くなる場合がずいぶんあるわけです。

人間が万物の霊長として動物を食べていますが、神様が許しているわけじゃありません。神様のみ心をこの地上界に現わすために働くことによって、動物が人間の肉体に昇華するということでは許されるのです。神様のみ心を現わすことがなくて、ただの肉体人間としての人間であるならば、動物などを食べるのは悪です。豚を食べようが牛を食べようがそれは悪行為になるわけです。人間本来の使命を何も果たさないで、肉体人間の自分勝手な生き方をしていることは、人殺しと同じように罪悪なのです。

それが許されるのは、神様のみ心の中にある自分、神様と一つの自分が自分の本心をこの地上界に現わすための働きをするからです。そのことによって、動物を食べても許されるわけです。しかし、許されるといっても、動物を食べる場合には、その動物の天命が完うしますように、と祈らなければいけないんです。世界平和のための働きを、動物は人間に同化して果たしているわけです。そういう意味で、動物に感謝しながら食べれば一番いいわけです。

うまいや、まずいや、とただ自分の肉体の満足を得るために食べているのだったら、神の意志に逆らっていることになる。すべてのことをただ肉体の満足を得るためにのみやっているんであったら、あらゆることが悪ですよ。だから人間は肉体だけだという唯物観念だけでは、生きていることがそのまま多くの業を積んでいることになる。ですから、つねに、どんな人でも、人間は神の分生命であり、神様から与えられた使命を完うするために、天命を完うするために、この世に生きているんだ、という観念がないといけないのです。

それをキリスト教などでも実にハッキリいっている。サタンの使いよ、とかいっているんですね。私たちはサタンとか悪魔とかはいいません。自分の業想念《ごうそうねん》といいます。自分の想いが勝手に自分の悪い運命を作り出しているし、人類の悪い運命を作り出している。人類を本当に平和にするためにはどうしたらいいか、っていうと、自分の想いがいつも人類の平和を願う想いで、いつも神様のみ心の中にいさえすれば、やがては世界は平和になっていくわけです。そういう人間を一人でも創らなきゃいけないというのが、この世界平和の運動の趣旨なのです。

問　**守護霊、守護神への感謝と世界平和を祈ることとどちらが先でもよろしいですか。教義（注11）には守護霊守護神への感謝が先になっていますが……。**

答　そういうことにこだわらなくていいです。守護霊さん守護神さん有難うございます、といってからでも、世界人類が平和でありますように、とやってもいいのです。ただ、世界平和の祈りの祈り言葉の中では、誰にでも、神様というのをあまり感じない人でも、自然にやれるように「世界人類が平和でありますように」と先に出ている。その後に守護霊さん守護神さん、と出しているけれど、世界平和を祈っている時には、もう守護霊さん守護神さんに感謝していることですから、同じことです。だから二度いっていいんです。

守護霊守護神への感謝は、一回や二回でなくて、つねに守護霊守護神への感謝をしているような心境が大事なんです。そうすると危ないところでも、パッと助けてくれるという形になるわけです。

肉体の人間では何事もなし得ない。守護霊守護神がいて、つねに肩代わりしてくれたり、力になってくれて立派になっていくわけですからね。私がいろいろなことを教えたり、わかったり、浄めたりするのは、守護神がやってくれているんであって、肉体のほうでやるのではありません。

肉体人間には何事もできない。肉体は命《いのち》がなくなったら灰になっちゃうもんでしょ。ただ道具として、場所としてこういう顔をして現われているけれども、この顔の人が、この口がしゃべるんじゃないんです。口は機械的に動くだけであって、中の守護神のひびきが動かして、しゃべっているわけです。それがどこまで深い深いところから、高い高いところからくる言葉か、あるいは横っちょの浅いところからくる言葉かで、その人の人格というものが違ってくるんで、肉体というのは器《うつわ》です。どんな偉い人でも、イエスでもお釈迦さんでも、みんな肉体は器なんです。

人間の本体は何かというと、神であり霊なんであって、その器を使って神界から動かしているんですよ。神界からスーッと動かしている人は立派なんだけれども、神界から動かそうとしているのに、途中に業想念があって、または途中から他の生物がヒュッヒュッときて動かそうとしたり、迷った人に動かされたり、そういう波を受けている。完全にNHKならNHKが聞こえてくればいいけれども、どこからでも他の波長の波が入ってきて、波動が乱れてしまってウジャウジャいっている。そういう状態が今の人間なんです。

それだから、いっぺん消えてゆく姿だと思って、神様の中へ入ってしまって、あらためて神様の高い深い力を、智恵を内から出してもらう、こういうのが私の教えなんですね。それを私が一番初めに実行してみたら、やらない前の人間よりズーッと立派になりましたから、それでいいというわけです。

現在のようになる前は、私も何もわからなかった。人の話の内容を聞いて察することはできましたが、見えないものは見えなかったのです。今になってみれば見えなくたってみんなわかっているし、聞かなくても内容がわかる。普通の人は、肉体の目でしかわからないんだから、会わない人のことなどわかりっこないですよね。ところが会わない人だってわかります。あなた方が私に尋ねようとする人のことは、あなた方の口からいわれないうちから、どんな人だかすぐわかってしまいます。どうしてわかっちゃうのか。肉体が見ているわけじゃありません。私の肉体の目では遠くにいるみなさんの顔付きもよくわかりません。だけどわかっている。何がわかっているかというと、中の力がわかっている。中の力とは何かといいますと、直霊であり、守護神である神の力がそれを見るわけです。中の心眼でわかるわけです。肉体の目で見るんじゃなく、神の目、もっとも微妙なる波動の中から向こうを見ているからわかるわけです。そういう人たちにやがてみんながなるわけです。そういう人が世界各所にいるわけです。

肉体だけに把われていない。もっと広い広い、もっと本質の人間として生きるような世界が必ず来るに違いない。必ず来るんです。私たちがそこにいるんだからね。それだから皆さんも成るに決まっている。ただ時間の問題です。そうすると、宇宙人のように素晴らしい人間になるわけです。

（注10）村田正雄氏（一九〇六年〜一九九四年）滋賀県生まれ。(株)コロナ電機工業元社長。白光真宏会元副理事長。著者の提唱した祈りによる世界平和運動に挺身し、多くの悩める人々を救った。『私の霊界通信』（全五巻）『空飛ぶ円盤と超科学』『宇宙人と地球の未来』『霊界に行った子供達』などの著書がある。

（注11）教義「人間と真実の生き方」。巻末参照。

第3章

消えてゆく姿について

消えてゆく姿の使い方

みないつか正覚は得られる

お釈迦様が正覚《しょうがく》ということをいいましたが、どういう程度の悟りであるかというと、すっかり解脱《げだつ》し切って、人間は肉体ではない、神そのものである、仏なのだ、自由自在心であるということをハッキリ心に悟り、しかも態度に現わせるようになるという悟りなのです。ただ頭だけでそういうものだとわかる程度では正覚ではない。頭でわかって体でわかって、すべてが神のみ心をそのまま現わし得る、そういう境地になることを正覚というのです。

だから悟りといっても段階はたくさんありまして、昨日失敗してしまった、ああしまった、もう再びしまい、今度はこうするんだと思って、その次には失敗しなかった。それも一つの悟りですね。酒を飲んで乱行してしまう、酒はいけない、止めよう、といって酒を止める、あるいはタバコを止めた。それも一つの悟りです。短気だった、それがやさしくなる、怒らない、これも悟りですね。そういう悟りは宗教をやらなくても、普通の当たり前の生活をしていてもたくさんあるわけです。それも悟りだけれども、一番根本の悟り、人間は神の子であり、神そのものである。肉体はその一つの現われである。つまり生命力そのものだということがわかって、そして行なえるようになったということが正覚なんです。ですから正覚を得るということは並大抵なことではなく、一生かかって、いくら修行しても正覚まで行かない場合が多いのです。しかしやっているうちには必ずそこに行くのです。

誰も彼もがみんな神の子であり、神のいのちそのものですから、やがては解脱して神の子そのもの、神のいのちそのものになるわけです。誰も彼もが自由自在心になるのが決まっているんです。それが何生《なんしょう》かかるかわかりませんが、みんな正覚を得ることになっているのです。大神様のみ心の中では、その人が分生命として肉体生活を始めて、最後に神のみ心に入りこんで、神のみ心の中で一つの個性を持って働くという所へ来るまでの大きな定め、大きな決まりは決まっているのだけれど、その間の小さないろんな事柄は、自分の思い方、生き方によっていくらでも変わるということなのです。

不断の努力が全託の心境を生む

そこで正覚を得るためには全託という心境になるのが一番いいんだけれども、全託の境地になるためには、いろいろと努力し、切磋琢磨《せっさたくま》し、修養して、行を積んでやっていく必要があるわけです。努力をしなければしないだけ自分が苦しむのです。例えば千なら千の業《ごう》があったとする。それを自分が一生懸命修養し、磨いて、少しずつ少しずつ出して消してゆく、そのうちには千がなくなってしまう。ところが自分を少しも切磋琢磨しない、修養もしない、反省もしない。人間の運命はどうやろうと決まっているんだ、それが本当にそこまで分かりきっていればいいけれど、いい加減に、自分をごまかすためにやっている場合には、千なら千の業が一遍にドサッと出てくる。これではたまりません。こらえられるものではない。そういう大きな苦しみをなめることになってしまう。修養といい、努力といい、真剣な生き方というのは、業があって、それを巧みに、うまく、人の不為《ふため》にもならない、自分の不為にもならないで、きれいに消していけるようになるわけです。それがうまく出来る人は、真剣な生き方をした人、いのちをよく生かした人、いい生き方をした人ということにもなるわけです。だから正覚を得るためには、得ることは決まっているのだけれども、相当な努力がいる。

今日もテレビを見ていたら、日蓮宗のお坊さんが一年の三分の二ぐらいこもって荒行して、出てきたところをやっていましたが、なんのためにあんな馬鹿なことをするのか、と思う人があるだろうけれど、修行のためにやっているわけです。ところがその修行でも、本当に自分で悟りたいと、自分の魂を磨くためにやっている人もあるし、信者さんの手前見せるためにやる人もある、自分を偉く見せよう、箔《はく》をつけるためにわざわざ苦しんでやる人もある。同じ荒行をしたって、違うわけです。片方は素晴らしくなるだろうし、片方は変なマイナス面、業をつけてきて、幽界のヘンな生物なんかをつけて帰ってくる人もあるわけです。だから荒行などをした後で、とても人間が悪くなる人もあるし、とても立派になり、本当に磨かれてくる人もある。いろいろありますが、しかし、修行しようとするその気持ちはやっぱり大切です。

自分を磨くにも方法がある

一生を通して一生懸命、自分を磨くということはとても大切なことです。自分を磨かないで生きていく人よりは、自分を磨いて生きていく人のほうが立派になるに決まっている。しかし磨くといっても磨き方がある。わざわざ自分をいじめて、それで磨いていると思う人もあれば、全託だお任せだといって、本当は全託の心境でもないのに自分をかばうために、全託のような恰好をして、もう運命は決まっているんだ、何やってもいいんだ、これでいいんだと、大きなことを言って生きていく場合もある。しかし、どちらも悪い。自分をいじめるのも悪いし、自分の業を認めないでそんなものはないいんだ、いいんだ、というのも間違っています。

うちの教えならば、自分の悪い性質、自分をいじめる想い、人をいじめる想いを素直に素直に、消えてゆく姿として、世界平和の祈りの中に入れてしまって、大きな大光明の中の一人として生きていくわけです。消えてゆく姿の教えを行ずる場合には、だからいつもそこに反省が伴っているのです。いつも言うけれど、〝ああこれは悪いことだ、自分をいじめてはいけないんだな、人をいじめてはいけないんだな、ああこれで消えてゆきますように、世界人類が平和でありますように〟と反省して悔い改める。そして再びしまいと思う。そういうようになることが消えてゆく姿の教えなのです。それで消えてゆく姿で世界平和の祈り、ということが人々を立派に導いているわけです。

〝消えてゆく姿〟はかくして誕生

〝消えてゆく姿〟という教えがどうして生まれたかといいますと、一例にある教団をとりましょう。その教団では〝肉体なし、物質なし、病気なし、人間は神の子であって、完全円満なのである〟と説いた。実際、実相の世界の中には病気もなければ不幸もない、暗《やみ》も何もありません。みな神のいのちで光り輝いているわけです。しかし、肉体波動の中に入ってしまうと、微妙なる生命波動と肉体の粗い波動とがうまくマッチしない。どうしてもそこに、すっかり一つになるまでには時間のズレが生じます。だから貧乏も出れば、病気も出れば、不幸も出るし、悪い想いも出るわけです。実相の世界にはないけれど、この世としては病気もあれば、肉体もあるわけです。悩みもあるわけです。

そこで心が縮んでいる時、病気などしている時「肉体はないんだ、病気はないんだ、罪はないんだ、人間は神の子だ」とパッといわれると〝あっそうか、本当だ〟とハッと一時に喝《かつ》を入れられたように悟りが開ける、病気を克服したりすることがあるのです。ところがそれに慣れてしまうと、嫁が肺病で寝ていたとする。「肉体はないんです。病気はないんです。病気でない人が何故寝ているんですか」と姑に言われたら、嫁さんは寝ていられません。いやでも起きなければならなくなる。それで体をますます悪くして、とりかえしのつかないことになってしまう、ということが随分あるんです。真理としては病気もないんだし、肉体もないんだし、すべては神のみ心の中で光り輝いているのだけれども、現実のこの現われている肉体の世界では、病気もあるし不幸もあるわけです。ですから〝無い〟ということは、ある時は喝になるけれど、ある時は人も自分もダメにしてしまうことになるんです。

本当に光り輝く生活だけを教えたようなのですが、それがあまりに高すぎたから、人間の想いがついていけない。それでどうしたかというと、現象面を見て、現象は心の影だ、病気をしていると「お前の心が悪いから」、家庭が調和していないと「夫を拝まないから、妻を拝まないから……」「お前の心が悪いから不幸になる」等々、お前の心が悪いと責めたわけです。肉体無し、物質無し、現象無しと説かれたけれど、そう思えない、出来ない。出来ない上に悪いものがある。サア、肉体はないのにどうして病気をするのか、病気は無いのに何故病気があるのか、不幸がない世界なのにどうして不幸があるのか、と悩んでくる、迷ってくるわけです。そうして責めてしまう。ブツブツが出ていればブツブツ言う心があるからだ。肺が悪ければハイと言わないから。鼻が悪ければ祖先に素直でないから鼻がつまる。頭の髪がなくなってくるのは神に遠いからだ。坊主は神に遠いわけです。神ではなくて仏に近いというわけです。そういうように責めてしまう。

折角、人間は神の子で完全円満で、病気も不幸もない、いい人間がもとの世界の人間なんだと教えた。光明思想ですね。ところが「病気はない」「ハイッ」といって治る人が千人に一人。初めての時は治る人があっても、二度、三度病気すると、そうはいかない。「不幸はないのである」「ハイ」と目覚める人もあるでしょう。しかし、それも万人に一人でしょう。直らない、目覚めない人もいる、凡夫ですからね。その人たちはもだえ悩むわけです。その上にまた「お前の心が悪い」と責められるわけです。それはその教団ばかりではなく、他の新興宗教でも既成宗教でもほとんどが「お前の因縁だ」「心の持ち方が悪い」

といいます。

そうなると、人間は神の子なのだか、悪い子なのだかわからなくなってしまう。完全円満なのに、悪はない、というのに、お前の心が悪いというその悪い心はどこから出てくるのか、光明だけなのにどうして闇があったり悪があるのかしら、と迷ってくるわけです。

そうしたことを私は見ていて、これではいけないんだな、どこかに橋渡しをするものがなければいけない、何があったらいいか……、それが消えてゆく姿なのです。

業の消滅を早める

人間は完全円満であり神の光明であって、光明燦然として病気も不幸もないのが本当なんだけれども、肉体波動というものと霊妙なる生命の源の波動というものとは、あまり片方が微妙で片方が粗《あら》すぎて、粗い波の中に微妙な波が入ってくるから、どうしてもそのままなじむのに時間がかかる。本当は完全なんだけれども、物質の世界で完全になりきるためには長い長い時間がかかっている。その今途中なんだ。言いかえればトンネルを掘っていて、掘りあげれば向こうは光明燦然とした光の世界なんだけれども、掘っているうちは泥をかぶったりして、よごれてしまっている。真《ま》っ暗《くら》でもって、どうしてこんなに暗いんだろう、どうして暗いんだろうと言いながら掘っているわけです。だけれどそれはあくまで完全に掘り上げるまでのものであって、かぶっている汚れは消えてゆく姿なのだ、汚れたら洗えばいい。洗ってまた掘りつづければトンネルは掘りあがって、光の世界に出て、もう再び汚れなくなるのだから、それまでの消えてゆく姿なのだから、自分が悪いんでも人が悪いんでもない、消えてゆく姿なんだ。しかし実際に人に迷惑かける行ないは悪いですね。人に迷惑をかける人がいたらこれは悪い人になります。

しかし、その人の生命が悪い、その人の実体が悪いんじゃなくて、その人の想い方、やり方が悪いんだから、それは消えてゆく姿なんだ。自分のことも同じです。だから消えてゆく姿と思って、ああ再びしまい、あの人にもさせまいと、あの人の天命が完うしますように、どうかあの人が真人間になりますように、神の子になりますようにという祈りをする。それが自然に世界平和の祈りに通じます。だから自分の悪い想いも、人の悪い行ないもみんな消えてゆく姿にして「世界人類が平和でありますように、私どもの天命が完うされますように」と言って神様にお願いしながら、神様の中に入れてしまうわけです。私どもの天命という中には、私の天命も人の天命も入っています。私どもの天命が完うされますように、神様ありがとうございます、ということになりますと、光の祈り言の中に悪い想いがみんな入っていく。したがって、この肉体世界の不完全なる人間が苦しみ少なく、その完全になる時間を早めていけるのです。それが消えてゆく姿で世界平和の祈りなんです。

宗教の極意とそのまま

ところが、消えてゆく姿をいいことにして、なんでもかんでも消えてゆく姿なんだ、何やったってみんな消えてゆく姿なんだ、酒飲もうと女と遊ぼうと、そんなもの気にすることはない、やりたいことをやりなさい、なんていうことになったならば、それは宗教以前になってしまう。宗教どころではないです。

もしうちの講師がそういうことを説いたとしますと、新しい人はマゴマゴしちゃいますよ。宗教で、こうしてはいけない、ああしてはいけないということばかり教わっていたのが、何やってもいい、と言われますと、何かボヤッとして赦されたような気がして安心もするし、いい気持ちになって、自分が切磋琢磨して、一生懸命修行して、自分を磨こうと思っている求道心、神様を求める気持ちがなくなってしまうのです。何も磨くこともいらなければ、世界平和の祈りもいらなくなってしまうのです。

あー何もしなくたっていいんだ、このままでいいんだと思うわけです。ところが宗教の極意というのは、本当はこのままでいいのです。

宗教の極意の、そのままというのは神のいのちそのままという意味なのです。業の自分の間違った想いをそのままにしておけ、という意味ではない。これをよく間違う。そのままでいいんだ、という教えは昔からよくいっています。それは神のいのちそのまま、仏のいのちそのままで、それにつけ加える何ものもないんだ、生かされているまま感謝して生きるという生き方なのです。そのままという時には、悪い想いとか暗い想いというものはなくなっている、無いそのままなんです。神のいのちそのままというのには汚れがない。光り輝いているそのままなのです。それを、業をつけたままの、悪い想いをつけたままの自分でいながら、そのままでいい、それでいいんだということは、悪を認め、間違いを認めて自分の身につけたままで、トンネルを少しも掘らないで、トンネルの泥をいっぱい塗って、そのままでいいんだそのままでいいんだ、とやっていることと同じで、汚れた上にさらに真っ黒に汚れをつけていることで、いつまでたっても明るくなりません。そのうちに魂がこごえてしまいますよ。

あの人に悪い、この人に悪い、と悩んだりしている時「そのままでいいんだ」といわれると、赦《ゆる》されたような気がして気が大きくなり〝ああ、よかった、安心しちゃった〟と思う。ところが借金がうんとあったりしたとします。そして早く返してくれと催促されたりしているとする。「出来ない時は出来ない、それも神様のみ心だ、そのままでいいんだ、そのままでいいんだ」と言われると〝ああよかった、私は借金を返そうと思って一生懸命働いて、少しでも返そうと思っていたが、そのままでいいって講師から聞いた。ああそうか、出来る時は出来る〟と安心します。そしてその人は助かった気がして、自分を責めなくなります。その人はそれで一応はいいとします。ところが相手はどうでしょう。お金を返しもしない、言い訳もしない、誠心誠意もみせない、何もしないで「えー、いつか出来ますよ。出来る時には払いますよ」と嘯《うそぶ》いていたのでは〝あの人はなんて人だろう。借金していて、ぜいたくをしている。一寸もあいつは良心がないじゃないか〟と思います。まわりの人はみな悪感情を持ちます。

その時は、そのままでいいんだ、といわれて救われたような気がするけれど、日がたつにつれ、一生懸命働かないいんだし、借金を払う努力をしないのだから、借金が返せるわけがありません。そうするとその人はニッチもサッチもいかなくなって、しまいにどうなってしまうのか。その人の運命は閉ざされてしまうことになります。

消えてゆく姿を正しく行じよう

消えてゆく姿の赦《ゆる》しの教えにしても、業《ごう》のままに、自分がただ単に慰められるために、自分の気まま勝手を赦すために、自分で赦したりするのだったら、宗教をやらない人のほうが余程いいです。大工さんなら大工さんを一生懸命やる、商売なら商売を真剣にやるほうがいいことになるのです。

宗教というのは、根本的にはやっぱり自分の本心を開くために、自分を見つめて、一生懸命努力するところに道の尊さがあるわけです。しかし、あまり宗教信仰をしている人たちが、あんまり自分を見つめすぎて、あんまり自分をいじめすぎているので、そのいじめている想いではやっぱり駄目だから、私はそれでは救われない、悟れないとわかって「自分を責めてはいけませんよ、人を責めてはいけませんよ、みんなそれは過去世からの業の消えてゆく姿なのですよ。消してくださるのは誰かというと、守護霊守護神さんだし、消していただくにはどうしたらいいかというと、世界人類が平和でありますように、と祈って、その祈り言を梯子《はしご》にして神様の大光明の世界で消してもらうんですよ」と説いているわけなのです。

自分の中の悪い想いも、人の悪い行為も、肉体の自分の力ではどうにも出来ないから、それは神様に消していただきましょうと、自分の悪い想いも自分の悪い行ないも、人の悪い想いも人の悪い行ないも、神様、どうぞ一日も早く消してくださいませ、世界人類が平和でありますように、とするのが世界平和の祈りなんです。ですからこういう時には常に反省があるわけなのです。ああこれはしてはならないことだった、とすぐ反省があって、そこで自分を責めないで、過去世の業が現われて消えてゆく姿だったのだ、消してくださったのだ、ということになるのです。それが人の場合には、あの人がしているのは前生の業でやっているのだから、私たちも一生懸命、応援して消してあげましょう、とそれで「消えてゆく姿で世界平和の祈り」をするわけです。

だから悪を赦したり、間違いを赦したりしているわけではないのです。誰が見たって、常識でして悪いことは悪いのだし、間違ったことは間違っているのです。それをうっかりすると間違いをそのまま赦したりしてしまう。気をつけなければいけません。宗教をやっているからただ安心しているのではなくて、常に切磋琢磨して、しかも神様に全部お任せする。神様は悪いようにはなさらない、神様は愛なんだから悪いようにはなさらない、と全託して、自分としては一挙手一投足いつも省《かえり》みながら、本当の意味の消えてゆく姿を行じながら精進してゆくことです。それによって、人間は立派になってゆくのです。

〝このままでいいのか〟

問　このままでいいんだ、という教えは今までも承ってきましたが、安心するにはこのままでいいというより外にないと思っているのです。このままの生活以外にしようがないという意味は、現在の生活というのは今しているんじゃない。過去のいろいろな業想念行為というものが、消えるために現われておるんだ、つまり影であるんだ。だから自分でどうしようこうしようと言ったってしようがない。過去の因縁性であるんだから、仕方がないんだからこのままでいいんだ。自分のどうにもならない事柄に対して、これは過去の影なんだから申し訳ないけれど仕方がない、といって自分を赦す。また人の行ないを見ても、あれもやっぱり過去世の因縁のためにああやっているのだから、これを赦す、というふうに理解、承知しておったのですが、間違っているでしょうか。

答

ある面では本当です。しかし、今の質問のままでは誤解があるといけないかららいいますと、「消えてゆく姿」というのは、あくまでこれはいけないんだ、という否定があって〝消えてゆく姿〟なのです。人間は神の分生命であり、光明燦然たる存在、完全円満なのであるから、神がすべてのすべてであるから、神のみ心以外のものはすべて〝消えてゆく姿〟なのです。だから神のみ心以外の想いが出てきたら、ああこれは間違っているんだ、と否定の心が出てきます。ここから消えてゆく姿が出発しているのですよ。例えば青酸カリは飲んだら死にます。青酸カリが入っている水だとわかれば飲まないでしょう。青酸カリだからいけないな、いけないなと飲む人はありませんね。これはハッキリしています。けれど過去世の因縁の消えてゆく姿の場合には、今の現われている想い、行為は仕方がないんです。これは抑えようがない、現われてきてしまうのだから、しかし、その時が一番大事なのです。

ああ、それでいいんだ、仕方がないんだ、消えてゆく姿だからどうしようもないじゃないか、と何もしないでいると、これは現われてきたことをそのまま認めたことになります。怒りっぽい性質だ、妬みっぽい性質だ、盗みをする習癖があるんだ、前生の因縁で仕方がない、と思うだけでは、ただ認めたことで、消えてゆきません。認めたことは掴《つか》んだことと同じなのです。仕方がないじゃないか、と掴んでしまうのです。そうすると過去世の因縁が消えないで、そのままとどまってしまうのです。その上にまた現われてくるから積み重なって、ぐんぐん増えてゆくことになる、輪廻転生《りんねてんしょう》してしまうのです。これでは解脱《げだつ》できない。

そこで私はそういうことではなく、ここに過去世の因縁が現われてきた場合「ああこれはいけないんだな、しかし過去世の因縁で仕方がなかった。ごめんなさい、すみません。

これからは同じことを二度としません」と自分の本心にわび、人にわびる。それで一つ業《ごう》が切れますよ。さらに「私の想いの中に悪い想いが出ませんように、悪い行ないをしませんように、人も悪いことをしませんように」と祈る。再び戦争がありませんように、というのと同じです。「どうかみんな平和になって、みんな本当に神の心が現われますように、どうか神様お願いします。世界人類が平和でありますように、日本が平和でありますように、私たちの天命が完うされますように」と守護霊、守護神さんへの感謝の心と敬虔な気持ちで祈ることによって、〝消えてゆく姿〟が成就するのです。こうしますと、すぐ悔い改めが出来ているわけですし、再び自分はしない、青酸カリ（業）を飲まないで、神の心の中へやっちゃったわけです。そこで初めて消える。光の中で消してもらうわけなのです。

消えてあとに何が残るか、というと、世界を救おうと思って働いている神々の救世《きゅうせ》の大光明が、入れ替わりに入ってくるのです。世界平和の祈りをすると、業が消えたと同時に光が入ってくる。業と光を交換するわけです。そこに回向《えこう》が生まれる。そうすると今までの業が一まわり消えるわけですが、業というものは過去世からずっとあるから、何遍も何遍も出てきます。ですから繰り返し繰り返し回向を続けていると、だんだん正覚に近くなってくるのです。そういう努力が必要なのです。

過去世の業が消えてゆくにしたがって、光が入ってくるから、それにともなって富もくるでしょうし、健康も与えられるでしょうし、幸運もやってくるのです。それが消えてゆく姿の教えなんです。

〝出てくるものは出せ〟と教えられたが……

問 今まで講師の方から教えられたことでございますが、我々の日常の想念行為は過去世の因縁の現われである、これは仕方のないことであるんだ、だから例えば、腹が立った、あるいはお酒が呑みたいな、という欲望が起きてきた時、これはいけないと言って抑えるのは想いを溜めてしまうことだからいけない、出したほうがいいんだ、のびのびとした生命、生き生きとしている生命を抑えてしまうことはよくない。だから過去の業の映ってくるそのままをやったらいいんだ、というふうに教えられました。

もう一つは、守護霊守護神というのが絶えずついていて、本人のためによくないと思うことは、守護霊守護神がやらせない。だからあえてやるのはその場において悪いように見えておっても、必ず本人のためにいいのだ、というのです。

例えば、デパートに行って高価なものを取りたくなっても、守護霊守護神がついておって取らせない働きがあるというんですね。もし取ったとしたならば、その報いを受ける。みんなの前で恥をかかせられる、警察に引っ張っていかれる、ひどい目にあったことで今後そういうことはしまい、という大きないい結果になってくるんだ、だから我々は結局、守護霊守護神が常に離れないで導くのであるから、遠慮なく思い切ってやりたいことはやったらいい、とこういうふうな教えを聞いたのですが……。

答

その講師の言うことは半分本当です。しかし一知半解です。宗教も何もやらない人、あるいは他宗の人たちがその話を聞いた場合、〝ああこの思想は危険だなあ〟

と思いますよ。「やりたいことをやってしまうだろう、これは宗教でもなんでもない」と言うでしょう。

やる者はやるようになっている、やらない者はやらないんだ、ということは本当です。泥棒する因縁がなければ泥棒しないかもしれない。しかし、それは自分でわからないじゃないですか。とにかく過去世の因縁というものがあって、八〇パーセントその因縁に流されている。二〇パーセントこの世においてそれを修正することが出来る力があるんだ、と私は説いています。その二〇パーセントの力は知性と素直さなのです。それが感情の爆発や、欲望を抑制したりする。私は本当は抑えろとは言わない。やりたいことはやるつもりで、出かかった時にこれを平和の祈りに入れちゃいなさいとか、気分をほかにかえなさいと転換させてしまう。

業をそのまま出しちゃうのでは当たり前。抑えたのではこれもいけない。人間は難しいですよ。抑えもしない、そのまま出しもしない、出す手前で消えてゆく姿にしなさい、と教えているんですよ。出す手前で消えてゆく姿に、と何遍も言っているのです。抑えてはいけない。出したほうがいいんだ、いいんだ、出るようになっているんだ、出せ出せというんで、お前なんか憎らしい、とやってしまったらハタが迷惑します。どうしたらいいかというと、その真ん中で消えてゆく姿にしなければならない。なぐろうとする、ああ、しかしこれはいけないんだ、世界人類が平和でありますように、と心を変えれば、怒りでもフッとなくなってしまうんですよ。だから気分を換えると、表面近くまできても出ないんです。そうすると抑えたよりもいいし、叩いたよりもよくなるわけです。

例えば千なら千の力で出てくるものを抑えたら千がたまってしまう。では千をそのまま出してしまったら気が晴れるか、といったら晴れやしない。なぐってしまったら悪い気がするんだから。また自分がそれで晴れたとしても相手が迷惑します。ところが出ていく時、消えてゆく姿だ、神様助けてください、世界人類が平和でありますように、と祈ったり、あるいはどうかこの想いを消してくださいというふうに、先輩の道友の誰かにすがったりする。そこで浄めたりしてもらって消えてゆきます。そうすると千が千消えないかもしれないけれど、五百なり三百になって消えてゆくわけです。そうすることが一番中庸の道なのですね。

常識良心を土台に

質問した人は悪いことが出来る人でないから、赦されたほうが安心するでしょう。それに年取っているからいい。しかしもし若かったら、四十ぐらいだとしますと、赦されているうちに、それになれてしまうから、習慣づいてしまって、やりたいことをやってしまうことになるでしょう。私が修行中、二十代の終わり頃でしたが、ある心霊交流会に出ていました。真っ暗にした部屋に大勢いるのです。そして坐って統一するのです。その時、相当霊能的になっていたのですね。隣に娘さんが坐っていた。すると「隣に坐っているのは未来のお前の妻なんだから、手を出して握ってみろ、握ってしまえ、握ってしまえ、握ったら決まるのだから」と霊的にささやかれて、さらに手を動かすのです。私は考えた。いわれた通り素直に手を握っちゃおうかと考えた（笑）。しかし後で恥をかいたら大変だ、と思案しているうちに、知性的に〝ああこれは常識ではそんなことをしてはいけないんだ、絶対いけない〟と必死になって動く手を押さえつけた。そうすると「ヨーシ及第！」というわけです。ああよかったと思ってね。神様がためしたのです。そこで握っていたら、現在の私はなかった。握ったらそれでおしまいになってしまう。

そういうこともさせるのです。ですからあくまで常識良識を土台にして判断してゆくことが必要なのです。

もう一つの質問の、守護霊守護神がついているから、やらせることはみんな守護霊守護神がやらせているんだ、ということでしたが、大きい意味ではそうなのです。しかし普通常識の話にすると、守護霊守護神がついていてやらせるのなら、吉展ちゃん殺しも守護霊守護神がやらせたのか、十七歳の少女が夫を殺しちゃったのも守護霊守護神がやらしたのか。そうだとしたら世間の人はその教えは邪教だと思うでしょう。神様が殺人をさせるわけがない。わかりきったことです。だからそういうことを言っていいか悪いかということは常識の世界のことです。それがわからない人は常識をもういっぺん勉強しなければだめです。

守護霊守護神はあくまで守っているけれども、肉体側の想いが業でへだてられているから、距離が離れてしまっていて、守りが届かない。肉体人間の想いも業が厚いと届かない。そこに私たちのような宗教家の存在が必要なのです。「先生、助けてください」とくると、パーンと柏手を打つと、業がフッと消えて守護霊守護神とつながるのです。そしてまた業が出てきて離される。業に巻きこまれてしまう。そこで私のような存在が必要なのです。あるいは友達が集まって祈ったりして助かるわけなのです。そのために聖ヶ丘の統一会とか各地の座談会に余計出たほうがいいということになるのです。守護霊守護神の存在を知らせたり、それをへだてている業想念を取ってくれたりする人を導師というのですが、そういう人が必要なわけです。

導師はいつも謙虚な心と真摯なる努力、それに澄んだ知性が必要なのです。なるがままではありません。知性は常に澄み切ったものに磨いておくことです。

『神と人間』にも書いていますが、守護霊守護神が守っているんだけれども、あくまで肉体人間が主体であって、守護の神霊は後から応援するのだ、と書いてありますね。幅跳びをするのでも、自分で跳ぶのです。それを背後の人が持ちあげたり、跳ばしてくれたりしたのでは面白くもなんともない。自分でやるところに面白さがある。自分が一生懸命、人事を尽くしてやって、それで守護霊守護神に加勢をたのむ、そうすると助けてくれる。三者一体になって、自分のもてる力を充分に発揮できる。天から与えられた使命を完《まっと》うさせてゆくことが出来るわけです。そこに消えてゆく姿の教えがあったり、世界平和の祈りがあってうまくいくのです。

全託とかお任せとかというけれど本当の全託になるためには大変な努力、精進がいるのです。真剣なる修行があるのですよ。

（昭和41年2月10日）

真の救われと消えてゆく姿

薄い信仰では救われないか？

信仰が薄いから救われない、ということはありません。神様のほうでは、人間はみな自分の子なのだから、薄いとか厚いとかいうことを問題にしてはいない。どんな人でも救うのです。

「いかなる悪も弥陀《みだ》の光を消すことは出来ないんだ」「阿弥陀様の光を消すほどの悪はないんだ」と親鸞《しんらん》はいっています。それと同じように、どんな人でも神様は救うわけなのです。

信仰の薄い人も救われているのです。ただ救われていることを自覚しないだけで、信仰の厚い人は救われていることを自覚する。どうして信仰が薄くても救われるかというと、本来人間は神の子なのですから、救われるも救われぬもない、初めから救われているのです。

ところが宗教をやっている人はそれがわからないのです。救われてない、救われてない、真理を摑《つか》まえよう、摑まえようとやっている。天へ上ってゆくならいいけれど、横にいってしまう。それで三界《さんがい》（肉体界・幽界・霊界の下層）の業想念の中で、これでなきゃいけない、それでなきゃいけないとぐるぐる廻っている。これじゃだめなんですよ。消えてゆく姿がないからね。

消えてゆく姿という教えを通ること

天地をつなぐ光の輪が縦にまわっている。それだけがあって、横の波はみんな消えてゆく姿なのです。横の三界の業想念は消えてゆく姿とやっていると、縦の光の輪だけになるのです。だから消えてゆく姿がないと、いくら宗教をやっていても、求めれば求めるほど苦しくなってゆく。

信仰のなかった時分のほうがよかった、ああ宗教に入らなきゃこんな苦しい想いには会わなかったのに、宗教をやったばかりに、こんな苦しい目に会った、という人がよくあります。それは何故なのかというと、本当のことを知らないからです。その宗教の先生とか先達の人が、本当のことを教えてくれないんですよ。それでやたらに自分を責めることばかり教える。まだ信仰が足りないとか、まだそれじゃだめだとか……。

そうすることは自己否定だから、これは業想念なんです。どうせ否定するならば、全部否定しなければいけません。肉体人間というものはダメなものなのだ、と。いつも私がいうように、肉体人間は偉いといったって、偉くないといったって、悟った悟らないといったって、信仰が厚い薄いといったって、大した違いはないんだ、そんなものは。大したことではないです。

肉体の人間は単なる消えてゆく姿で、やがて肉体はなくなっちゃう。あるものは何かというと、縦横を貫いている生命の光、神様の子である光だけなんです。問題はどこにあるかというと、神様の光、天から流れている光の中に、自分が入りさえすればいいわけなのです。入ることを教えなければならない。そのためには、いっぺん消えてゆく姿という教えを通ることです。

消えてゆく姿をやらないとわからない

信仰が薄いという自分も、苦しんでいる自分も、どうしたこうしたという自分も、みんな消えてゆく姿で、本当は無いのです。現われては消えてゆく。自分の本体は何かというと、神様の子なんだ、縦からずーっとつながって続いている神様の永遠のいのちです。永遠に光り輝いているいのちなんだということが、消えてゆく姿をやらないとわからないんですよ。

大概の宗教では、自己否定が極限にいかないのです。生半《なまはん》かなのですね。生半かの自己否定だから、たとえば家族を捨てて山にこもったり、家庭のことを省みないで、宗教団体のために働いたり、ということをやる。自分の財産を全部教会にあげたって、それは自己否定にはならない。中途半端《はんぱ》なことです。中途半端なことをするなら、やらないほうがいいです。ところが中途半端なことをやるような因縁にやっぱりなっているんだね。これはむずかしいですよ。

初めから信仰の深い人はいいです。そうじゃなくて、これでもダメだ、まだダメだダメだとやっている人は、とても苦しいです。私の信仰はダメだという人や「神様はあるんですよ、神様は完全円満で、あなたはもう既《すで》に救われているんです」といわれ、そんなことはない、私は救われてない、という人もあります。それは信仰が薄いわけです。しかしそれは前生の因縁でもって、その人として仕方がない。五井先生を信じなさいといったって、信じられない人は信じられない。信じられないから悪いとか、いいとかいう問題じゃない。その人の因縁だから仕方がないですね。

いっぺん仕方がないとあきらめる

因縁因果の波というのは、いっぺん〝仕方がない〟とあきらめるより仕方がない。本当に仕方がないんだから。たとえば五尺しかない背の人がある。私は五尺一寸になりたいといったって、五尺より伸びなきゃ仕方がないでしょう。仕方がないことがあるんです。仕方がないことは仕方がない、とあきらめて、そのあきらめの中から出ていかなければならないのです。

それをたとえば、自分が甘いものが好きだとすると、人にも甘いものを食べさせようとする。自分がこれを好きだとすると、人にもこれを得させようとする。人の因縁因果の世界を知らないから、自分の波の中に引きこもうとする。そうすると、それがいいことがあっても、かえって向こうは余計なことをするな、ということになる。それで恨まれるんですね。

そこで私はそういうことは絶対しないようにしているのです。向こうさんのおっしゃる通り、向こうさんのやりたい通り、さあおやんなさいっていう。そして黙って光を当てている。そうするとそれが間違っていれば、元の正道に戻ります。だから私は、お前さんの信仰が薄いからダメなんだ、お前さん、私を思わないからダメなんだ、といったことはないのです。私がこんなに思っているのにお前はわからないのか、なんていわないですよ。滅多にいわない。

何故いわないかというと、因縁があるからです。それがわからないと宗教信仰の救いは成り立たない。

業そのものが救われることはない

なんにもわからないのに、人をめちゃくちゃに宗教に入れる人があります。五人入れればお前が救われる、とか、人数を増やせばお前の功徳になるとか、まだその宗教がいいんだか悪いんだかわからないのに、なんでもかんでも無理無理人を引っ張ってきて入れちゃう。入れられた人は災難ですよ、入ったら抜けられない。その人がまた何人か入れるだろうから、鰻のぼりに数は増えるだろうけれども、救われている人は一人もない。

何故救われないかというと、自我欲望でもって人を入れるのであって、本当に救おうと思っているんじゃないのです。自分のことだけ考えている。自分という立場がなくならなければ、宗教の真の救われにならないのです。いつも自分がある。いつも業《ごう》のほうの自分があり、業の自分でなんでもかんでも考えている。救われるんだって、業の自分が救われたいと思っている。

業は救われません。業は消えてゆく姿なんだから、救うにも救われるにも、消えてしまうんだから、業そのものが救われるということはないのですよ。業は消えてゆく姿。救われるということは、業が消えてゆく姿ということがわかりさえすればいいのです。私の話をよく聞き、本を読んでいるという人たちは、大体救われている。何故救われているかというと、消えてゆく姿を知っているからです。こう苦しむようになっても、こんな情けない心が出てきても、どう貧乏になっても、それはみんな消えてゆく姿なんだ、と知っていますから、どんなに苦しいように見えても、それは表面の心であって、中の心は本当に苦しんじゃいません。中では救われているんだということを自覚している。あとは時が流れるに従って自分の苦しみが減ってゆく。また波がかかってきても消えてゆく。

悩んでいるものは消えてゆく姿

人間は神様の子で、誰も彼も迷っている者は一人もないのです。病気の者も一人もないんです。貧乏な者も一人もないんです。ところが貧乏であるというのは、自分の業想念が貧乏なんです。業想念行為が苦しみであり、病気なんです。その業想念を消えてゆく姿といって、離している人には病気がない。私などでも、年中痛かったり、熱が出ることもあれば、いろいろあるんですよ。けれど病気じゃない。病んでも病まず、なんでも出来ます。吐いたってそれは消えてゆく姿、消えてゆく姿さえも思わない。そんなものはなんでもない。問題にならないです。自分の本当の心とはなんの関係もないんです。それがわかるとすごいです。

悩んでいるものは消えてゆく姿なんです。あるものは神様のみ心だけ。神様のみ心がそのまま生きているんだから、悩もうと悲しもうと、そんなものは知ったことじゃないですよ。勝手に悩ましておけばよい。勝手に苦しませておけばいい。ただ、他人が苦しんでいるのを「業が消えるのだから、勝手にすりゃいい」というのでは、ダメですよ。

自分の場合は、ああ悩んでるな、消えてゆく姿が悩みの姿で消えてゆくか、苦しみの姿で消えてゆくか、貧乏の姿で消えてゆくんだなあ、とやっていれば摑《つか》まえていないから、自然に消えてゆきます。それでこちらは世界平和の祈りをしていればいいんだから、なんでもない。消えてゆく姿というものを、ちゃんと見られたら、そのままで消えていっちゃうんです。

消えてゆく姿というのがやはり根本です。あるものだと思ったらいけないです。現われたものは消えないものだと思っているけれど、そんなことはない。現われたもので消えないものは一つもない。もう全部消えてゆく姿。

消してくれる神々がいる

どうして消えてゆく姿というのが実際に効果があるかというと、消してくれる神々がいるんです。それが世界平和の祈りの神々なんです。救世の大光明がスッパリと「引き受けた」といって、消してくれるんです。だからこっちは守護霊さん守護神さん有難うございます、といっていればいいんです。世界人類が平和でありますように、と思っていればいいんです。そうすれば、あとは勝手に消えてゆくんですよ。

消してくれるのは守護霊守護神、救世の大光明が消してくれるのです。だからまかせておけばいいです。それがお任せなのね。

（昭和34年7月4日）

消えてゆく姿で世界平和の祈り

消えてゆくもの、消えないもの

消えてゆく姿の消えてゆく、というのは、何が消えてゆくかというと、肉体界に何遍も生まれ変わって積んだ因縁因果が消えてゆく姿なのです。しかし、永遠の生命、神様のみ心、神様のいのちからそのまま現われている真理は、永劫に消えない。

永遠の生命の中に現われている場合は、それは真《まこと》であり善であるから、いっこうに消えないわけです。

悪い因縁も現われては消えてゆきます。いい因縁も消えてゆきます。みんな消えてゆきます。本来因果として善、真というものは残ります。だから徹底的に消えてゆく姿をやって、全部いいも悪いも消えちゃうかというと、悪いものは全部消えますが、本当の善なるものは消えないのです。そのまま永遠に残るわけです。

消えてゆく姿が本当に出来れば、残るものは神のみ心の善なるもの、真なるもの、美なるものだけです。だからいい世界が出来るわけです。

初めから善は続いている

どうして、悪いほうだけが消えてしまって、いいものだけが残るかというと、神様というのは、永遠の生命で、完全円満なんです。完全円満というのは、富も智恵も美もみんな兼ね備わっているということです。完全円満なる生命は永遠ですから無限です。初めから善は続いているわけです。

どうして、因縁因果の悪というもの、善というものが現われてくるかというと、人間が神様の分生命《わけいのち》として、この肉体界に天下《あまくだ》ってきますね、肉体をまとった時から生じたものが業因縁なんです。善悪のまざったものなのです。それは有限なのです。

片方は永遠だけれども、他方は有限、人類が肉体に生まれてきてからのものだから、有限です。これはどんな悪業因縁を積んでいようと、消えてゆく姿を観じつづけてゆけば、そして世界平和の祈りをしていれば、その中でどんどん消えてゆくわけです。

必ず消える時がある。それは一生かかって消えるかも知れない。あるいは十年で消える人もあるでしょう。あるいは一生、霊界へ行ってから消す人もあるでしょう。みなやがては必ず消えてしまうのです。熱心にやればやるほど早く消えるわけです。

消してくれるものは何かというと、守護の神霊、つまり祖先の悟った霊である守護霊と、直霊から分かれた守護神が一体になって、業をどんどん消してくれるわけです。

光明波動で消してくれるのです。いいとか悪いとかは何かというと、みんな波動になって幽体に伝わっているわけです。録音されているのと同じようなものです。その録音がグルグル廻っているわけです。その録音を肉体界の想念の中で、グルグル廻していたんではこれは消えないのです。そこでどうしても祈り言が必要です。私はいいことをした、だからいい報いがあるだろう、私は悪いことをした、悪いことが来るだろう、などとやっている想いを、みんな消えてゆく姿、神様有難うございます、といって世界平和の祈りの中に入れます。

入れると平和の祈りは天から来ている、神界から来ている大光明波動だから、グルグルと三界を輪廻転生《りんねてんしょう》しているものが、ぐーっと上にのぼってゆく。そうすると天の光の中に入っていき、吸いこまれるようにどんどん消えてゆくわけです。

消えてゆくと同時に大光明が入ってくる

実際に消えてゆくと、どういうことになるかというと、神様の生命というのは初めから光ですから、完全円満ですから、その光がそのまま入ってゆくのだから、業因縁が消えてゆくと同時に、大光明がどんどん入ってくるわけです。だから祈りつづけてゆけば、知らないうちに神の子の人間の姿が現われてくるわけです。消えてゆく姿をやっていれば、悪いものは全部なくなって、いいものだけが残ってくる、ということになっているのです。

どうして、いいものも悪いものも消えてゆく姿にしろ、というかというと、いいもの、たとえば、私はいいことをしている、あるいはいいことを前にしたから大丈夫だ、というように、いいことに把《とら》われてしまうわけです。把われてしまうと、いいことも執着になって悪になるわけ。だからその把われを消してしまうために、いいことも悪いことも消えてゆく姿というわけですね。

消えてしまうと、本来の善なるもの、本来の美なるもの、本来の真なるものがそのまま現われてくる——ということなんです。

うちの教えの極意です

だから消えてゆく姿で世界平和の祈りさえしていれば、必ずよくなります。これはうちの教えの極意なんですよ。

ふつう宗教の場合には、お金がなくなるのも、病気になるのも、夫に別れるのも、子供に死なれるのも、みなお前の因縁だから因縁をはらわなければいけない、そのためにはこれだけのお金を用意しろ、とか、いいことをしろ、とか、信徒をふやせ、とかいうわけです。それには一面の真理がありますけれど、それだけではしようがない。年中、そうしたことに追い廻わされなければならない。年中、因縁だ因縁だと追いかけられてしまうのです。因縁がこびりついて因縁がとれない。

それでいつも他動的に、人に救ってもらわなくちゃならないという気持ちになっている。ところがうちではそうでなくて——悪いものが現われてくる。不幸が現われてくる。災難が現われてくる。それはみんなたしかに過去世の因縁だけれども、現われては消えてゆく姿なんだ、悪いことがあるたび、病気になるたびに因縁がどんどん消えてゆくのだ。消えてゆくにしても、消すところがなくてはダメだから、どこへ消したらいいかというと、神様のみ心の中へ消しなさい。神のみ心といっても見えないし手にもふれない。しかし神様のみ心の現われている姿はわかる。世界が平和になること、みんなが大調和してみんな仲よくなるということ、神様は愛なんだから、みんな仲よくなれ、という神様のみ心の中へ消せばいい。

観を転換させてしまう

どうやれば神のみ心の中へ消せるかというと、こちらから、世界人類が平和でありますように、みんなが仲よくなりますように、そういう想いを出して、それを祈り言に高めていけば、神様の心と一つになるんだよ、消えてゆく姿、消えてゆく姿、神様どうか世界人類が平和でありますように、という祈り言の中へ入っていけば、自然に神様のみ心の中へ入って、悪いものがどんどん消えてしまうんだよ――こう説くわけね。

これは、お前の心が悪いから、こうなったのだ、お前の因縁だ、とただ責められるよりは、因縁も消えてゆく姿と、祈りのほうへ変えてしまう、観を転換させてしまうことは、今までやっていないことなのです。

こういうやさしいことがわからなかった、ということは、その人たちがわからなかったのですね。心がせまかったのですね。

善に把われている、信仰に把われているから、ただ責めるようになってしまう。消えてゆく姿というのは、軽い気持ちでやっていても、やっているうちに、本当の平和の祈りが出来てくるわけです。

（昭和42年10月23日）

消えてゆく姿の行じ方

徹頭徹尾、消えてゆく姿

人間は病気を恐れてはいけません。貧乏も恐れてはいけません。

病気になる、貧乏になる、ということは過去世の業の想いがなるのです。その過去世の業因縁が現われて消えてゆくのです。恐怖心が毒素になりはしないか、不幸の種になりはしないか、という想いも、業で、消えてゆく姿なのです。いろいろな形でもって、神様が消してゆくのです。

病気になった、過去世の因縁が消えてゆく姿だ。貧乏になった、ああこれは過去世の因縁が消えてゆく姿なんだ。怪我をした、それは大きなものが出てくるのを、小さく消してくださったんだ、というふうに思う。思いながら、いや、しかしまたなりゃしないか、また今度はひどくなりゃしないか、とこう思う。消えても消えても出てくるんじゃないかなあ、なんて思う。いつになったら善くなるんだろう、とこう思う。これは恐怖の想いでしょ。その恐怖の想いも出てきたら、それも消えてゆく姿なんです。

何が出てきても、自分の神性、完全円満性を否定する想いは全部消えてゆく姿なのです。高慢の想いも消えてゆく姿、卑下慢、卑下して自分はだめだと思う想いも消えてゆく姿、みんな消えてゆく姿でして、消してくれるのは誰かというと、守護霊守護神さんです。守護霊守護神さんがそういう想いを幽体からみんな消してくれているんだから、ああ守護霊さん守護神さん有難うございます、と思いなさい。それで、世界人類が平和でありますようにと祈りが始まってもいいのです。

完全円満な姿が現われてくる

　どこから始まっても、後先はどうでもかまいませんから、世界平和を祈るような思いにさえなれば、禍転《わざわい》じて福となります。病気になったために世界平和の祈りをする。すると病気は消えていって、完全円満な自分の姿がそこに現われてくる。禍を転じて福と為すというか、パッとひっくりかえるのです。

　たとえば相撲で、向こうから押してくる。上手な人は押してくる力を利用して、相手を投げると、相手はひっくりかえってしまう。合気道がそうですね。消えてゆく姿という想い方はそれと同じなのです。

　病気は無い、肉体は心の影である、といっても、みんな達人ではないのだから「無い」ではわからない。いっぺんは現われてくるのだから「無い」と言えるのはお釈迦様のようにならなければ言えない。私も「無い」ということはよくわかるのです。無いのです。この肉体は影なんです。ここに現われているのは、みんな過去世の因縁の影です。本当は真実は光り輝いている。光体です。あの霊光写真のような光なのです。ところが考えてごらんなさい。私がここにいて、光だけがあって、光の中から言葉が出てきたら、こわくて一般の人は近づけませんね。やっぱり肉体の世界にいる場合には、肉体の姿をしていなければね。観世音菩薩というのは、相手が女の人なら女の人、男の人なら男の人、老人には老人、芸者さんには芸者さんの姿をして現われる、というお経がありますね。そのように、神様はいつでも説法するのに、説法される人にふさわしい姿をして現われるわけです。私は皆さんにわかるように、わかりやすい話をするために現われている。一般大衆を相手にするのだから、大衆を相手にしてむずかしい学問の話をしても、哲学の話をしてもわかりません。

これ以上のやさしい教えはない

私のわかりやすい話というのは「消えてゆく姿」なんです。現われている状態、あなたが今たとえば、どんな悩みのどん底にあろうとも、どんな苦痛のどん底にあろうとも、それは過去世の因縁の消えてゆく姿、必ず消えてしまうんだ、全部消えてしまうんです。消えてしまうということを認識して、守護霊さん守護神さん！　ってつながりなさい。世界平和の祈りをやりなさい。そうしていさえすれば、消えてゆくんだ——ただそれだけなんです。実に楽なんですよ。そんなことといったってやれません——やれませんという想いも消えてゆく姿。苦しくなると反抗してやらない人もあるかもしれない。しかし最後に苦しくなるとやりますよ。

私にはそんなむずかしいこと出来ません、出来ないですよ、という人がいます。それはまだ余裕があるからです。その時は出来ません、と言って離れていって、一年か二年する。そうすると、どうにもならなくなってくる。そうすると今度はやるんです。いやが応でも「助けてください、先生」とやってくる。「じゃ五井先生と思いなさい、私が引き受けてやる」ということで、世界平和も抜かしてしまって、五井先生だけで結びついて、それからだんだん世界平和の祈りをするようになってくる人もあるのです。

自分で消すのではない

苦しくてどうしようもなくなれば、必ず守護霊さんが連れてくるんです。それで消えてゆく姿をやらせるんですよ。消えてゆく姿というのは、自分が消すのではないんですよ。よく間違えて、自分がいき張って消すんだと思っている。コンチクショウと思って消そうと思うのですが、なかなか消えない。あれ邪魔だから消しちまえ、なんていうのではないのです。自分で消すのはそれは自我です。あるいは自力というのです。自分で消せるようならば、みんな悟れて楽なもんですよ。自分で消せないところに、守護霊守護神がいて、神様の愛が本当にそこでわかるのです。

この世というものは、自分ではなんにも消せない。自分で消すものは一つもないです。みんな守護霊守護神が消してくれる。たとえば短気の想いがあるとする。これを消さなきゃ消さなきゃ、消そうと思っても、思うそばから出てくる。恐怖でも同じです。恐れまい恐れまい、恐怖してはいけない、いけないと思っていると、よけいに恐ろしくなってくる。

そういう経験がありますね。それは自我なんです。力みというんです。よほど強い人をのぞいて、ふつう一般の人では消すことは出来ない。そこで私は、消してゆく姿ではなくて、消えてゆく姿というんです。決して消してゆく姿とはいっていません。消えてゆく姿なのです。

知らないうちに変わってゆく

ただ黙っていれば消えるんですよ。恐怖心があるとしても、それを眺めていさえすれば消えるんだけれども、眺めていられない。恐怖の中にとりこまれてしまう。とりこまれてもいいんですよ。恐怖が出て結構、出たらそのままにしておいて、かまわずひたむきに、世界人類が平和でありますように、世界人類が平和でありますように、とやるんですよ。それが間に合わなかったら、五井先生、五井先生、五井先生とやるんです。そうすると、知らないうちに想いが、五井先生なら五井先生、世界平和なら世界平和のほうへ、神様のほうへ昇っていきます。そうすると恐怖がだんだん、だんだん薄れていって、消えてゆくのです。人間というのはそういうものなんですよ。

人間の生き方としては焦ってはいけません。世界平和の祈りを祈っている人の運命は決まっている。この祈りというのは最高の祈りなんだから、人類が平和になるということは、神様のみ心だから、世界平和の祈りの中に入ったら、その人は悪くなりようがないのです。必ずよくなるに決まっている。だからもうよくなるに決まっていると思って、どんなことが現われても焦らないで、悪いことが現われたら消えてゆく姿と思って、一生懸命祈ってさえいれば、知らないうちに、現われてくるものがどんどんいいものに変わってゆくわけです。

そのうちに、いいも悪いもそんなこと問題ではなくなってしまうのです。この世の現象のことは問題ではなくなって、いつも心が平安になることだけを目ざしてゆくようになるわけです。

第4章

世界平和の祈りについて

祈りについて

祈りというのは生命《いのち》をひびかせる、生命を充分に生かす、ということです。生命を充分に生かせば、何事もなし得るわけです。ですから、祈りなんかしたって何が出来るか、というのはおかしいんです。神様こうしてください、とお願いする。そういう小さな願いごとと祈りを間違えていると、祈りで何事も出来ないじゃないか、なんていうようになる。

人間の生命は本来、神の分生命です。だから神様の中、神様のもとに、自分たち一人一人の生命があるわけです。それが分生命で、この世で働いているわけです。生命のひびきと肉体になってからの想念のひびき（私は想念波動といいます）とは分かれ分かれになっている。生命のひびきを土台として、想念波動が起こるわけですが、生命のひびきと想念波動とは全く別の方向に行ってしまっている。そこに因縁因果の不幸が起こるわけです。

神様の生命のひびきそのままならば、地球世界の人間は幸せになるべきはずなんだけれどもね。

そこで祈りの方法をもって、想念波動を生命の本源のところに統一させよう、一つにさせようというわけです。世界人類が平和でありますように、という祈り言葉を通して生命の本源に想いを統一させる。世界を平和にしようという想いが誰の心にもあるわけだし、一番わかりやすい。だから神様のほうでわかりやすい言葉を使ったわけです。

世界人類が平和でありますように、という祈り言葉を唱える時には、神々の光がその唱えた人の身体を通して地球界にふりまかれるから、世界人類が平和でありますように、と祈りなさい。と神様のほうから私にいってきたのです。それでこの祈りを始めたわけです。

大分前のことですが、講師の塚本清子さんが、葛飾八幡宮のお祭りの時おまいりしたのですが、何も願うことはないから、世界平和の祈りをして、石段をおりてきた。そしたら易者のおばあさんが追いかけてきて「あなたのうしろに素晴らしい光がある」といったんです。塚本さんは守護神の話をきいていますから「守護神さんが守っているから、光があるでしょう」といったら「いや、そういうんじゃない、もっともっと素晴らしい光が輝いて守っている」とそのおばあさんにいわれた。それで塚本さんは、ああこれが救世の大光明かとわかったわけですね。世界平和の祈りをしていると、自分を守っている守護神さん以外に、もっとさらに強力な光がその人の身体を通して輝く、という実証ですね。

これは当たり前の話なんです。もともと人間は神の分生命であって、神様のみ心の中にいる光の体《たい》です。だから光が出ているのは当たり前です。皆さんが世界平和の祈りを通して、自分の想いをすべて神様に全託してしまうと、皆さんは光そのものになるんです。光そのものになるということは、本来の人間に還る。神の子の自分に還ることです。世界平和の祈りを祈りつづけていると、いつの間にか神の分生命そのものに還る、あるいは直霊まで行くかもしれません。

祈りを根底にして、元の力としてその場その場で、自分の職場において、学校において、家庭において、あらゆる仕事に向かっていく。そうすると必ずうまくいく。祈り心で生きていけば、世界は必ずよくなるのです。政治家が祈り心でやれば政治もうまくいく。この一番大事な祈りを忘れてしまって、上《うわ》っ面《つら》のことばかりで右往左往している。それは神様を離れた想い、小智才覚で働いているから、砂上の楼閣を造るようなもので、やってもやっても崩れてしまう。そういうことをしてたんじゃ今に、この地球界は滅びてしまうわけです。それで神様は「砂上の楼閣のような動き方をしないで、もっと腰を据えて、神様のみ心の中に入って仕事をしなさい。それには世界人類が平和でありますように、という祈り言葉がいいから、この祈りをしなさい。そうすればあなた方の心はいつも本心の中に入っていて、日常茶飯事あらゆることが、すべて神様のみ心の通りに動いていくから、そうしなさい」と教えてくれた。だからこの祈りをひろめていけば、理屈がわからなくとも、知らないうちに祈っている人は立派になっていくわけです。

祈りを新しく始めた人でも、古く始めた人でも「世界人類が……」といえば、その時はもうチャンネルをひねったようなものなのです。テレビのチャンネルでもそうでしょう。強くひねろうが、弱くひねろうが、チャンネルに合わせてひねれば、映ってきます。スイッチを入れて、チャンネルを合わせればいいのです。新しい古いじゃなくて、素直に、世界人類が平和でありますように、と祈ればよいのです。いくら古くたって、素直でなければダメなんです。素直に世界平和の祈りの中に入れば、新しい古いじゃなくて、光がその人を通して地球界にふりまかれるわけです。

（昭和48年6月17日）

祈りの真髄

祈りの生き方

　宗教の運動というものが、一宗一派に把われていますと、この地球はいつまでもよくなりません。あらゆる国の、あらゆる民族の、本当に神様のわかった人、本当に真理のわかった人たちが寄り集まって、地球を救うという時代に、今はさしかかっています。

　ですから自分の会だけが大きくなればいい、と会員数を三百万だ五百万だ、と誇っているような行き方というものは、道にはずれてゆくわけです。人類愛にみちている、本当に人間を愛する人たちが、上に立って働かないことには、神様が働かない。だからこの地球は滅びるということになります。

われわれの行き方はどういうのか、というと、一にも二にも世界人類の平和を祈ること。

己《おの》が幸《さち》願ふ想いも朝夕の世界平和の祈り言《のりごと》の中

この和歌の通りなのです。自分のうちの幸せも、病気が治ることも、貧乏が直ることも、商売繁昌することも、すべて世界平和の祈りの中に入れて、世界平和の祈りがもっている大光明波動によって、自然と自分たちが浄められて、その浄められた順序に従ってよくなってゆく。

病気が治りたいから平和の祈りをする、貧乏が直りたいから平和の祈りをする。それも初めの二、三年は結構です。だけど本当に平和の祈りの意味がわかってきたならば、病気が治りたいという想いも、金持ちになりたいという想いも、地位が上がりたいという想いも、すべて平和の祈りの中にとけこませる。神のみ心がお金持ちになるほうがいいのならば、お金持ちにしてくれるでしょう。病気がすっきり治っているほうがよければ、すっきり治してくださるでしょう。地位が高いほうがよければ、地位を高くしてくださるでしょう。それは神様（守護神様）のみ心なんです。

病気になって、その苦しみの中から魂が立派になることもずいぶんあります。ですから病気をすることは必ずしも悪いわけではありません。過去世の因縁の消えてゆく姿として病気するかもしれない。あるいは人の想いを受けて病気するかもしれない。どういう形で病気するとしても、病気になったらなったことがいいんですよ。病気をしている間に何かを悟る、魂が錬磨される、ということが大事なんです。

そこで、病気も貧乏も、あるいは友人知人から悪く思われたりすることも――いい行ないをして、人のために尽くしたのに、かえって恨まれたりする場合があります――すべて過去世の因縁の消えてゆく姿として、いろいろと現われてきます。そう現われた時が大事なんです。自分の生活にいやなことが現われた、そこが一番大事なのです。

祈っていることと現われてくることとは別問題

生活にいいことばかり現われるなら問題はないけれども、いやなことや悪いことが現われてくる。現われてきた場合に「なんだ、信仰してたって、なんにもならない。祈ったってなんにもならないじゃないか」と、それを宗教に結びつけてしまうのは間違っています。宗教は宗教だし、祈りは祈りなんです。現われてくる貧乏や不調和というのは、過去世の因縁の消えてゆく姿なんです。現在、祈っていることとは関係ないのです。

現在祈っているということは、自分の想いが現在、神様の中に入っていることなんです。世界人類が平和でありますように、と祈っていて、神様と一体感が出来ていましょう。けれども、今、現われている病気や不幸というものは、過去世から今までたまっていた想いが、つまりさんざん録音しておいたものが、そこに現われてくるわけです。だから、今、祈っていることと、現われていることとは別問題。

統一をしている。すると雑念が起こってきますね。雑念というのは過去の蓄積されたいろんな想いで、それが現われてくる。祈っているのは今なんです。今は、世界人類が平和でありますように、神様有難うございます、という想いが神様の中にピシリと入っている。ところが雑念はどんどん出てくる。だから統一してないんじゃないかと思う。統一はちゃんとしているのです。雑念は統一の光に引き出されて、どんどん消えてゆくんです。

だから、いかに雑念が出ようと、坐って統一していることと雑念とは別なのです。これがわかると一番いいですよね。今、どんな雑念が出ようと、あるいはどんな悪い運命が現われようと、それは今の責任ではない。今の自分は、世界平和の祈りを祈って、神様のみ心の中に入っている自分なのです。神との一体化をなしとげている自分なのです。それで現われてくる悪いもの、病気も不幸も災難も、それは過去世の因縁が現われて消えてゆくのです。それだけ悪いものが減ってゆくわけです。悪いものが減る状態として現われてくる。

借金をしていると、借金は返さなければなりませんね。借りたものを返さないわけにはいかない。だから返す。返せば借金は減ります。お金が減ったから損した――そんなことはありませんよね。返したんだから、それだけさっぱりしたわけでしょう。あと余ったお金は自分のお金だ。それと同じように、今、現われてくる悪いものは、過去世の因縁が消えてゆくのだから、借金を返しているわけです。最後に残るものは、神様と一体化、神と人間が一つになった姿、光明燦然たる自分だけなのです。どんなものが現われてきてもい い、消えてゆく姿はどんどん消えてゆく。最後に消えきった時に残るものは、光明燦然たる天国がそこに現われるのです。それをやりとげようと、われわれは消えてゆく姿で世界平和の祈りという運動を展開しているわけです。

ゴチョゴチョ頭の中で考えて、ああしなければいけない、こうしなければいけない、とただ右往左往して飛び廻っていても、それはなんにもならないんです。

肚をすえ、しっかり大地に腰をすえる。神様は愛なんだから人類を救わずにはいられない、救おうと思って守護霊守護神を遣わしている。あるいは老子も孔子もお釈迦様もイエスさんも、みんなそのために現われている。そういう大聖の教えのひびきをわれわれが受けとって、さらに現代的につけ加えて、みんな力を揃えて人類を救っていこうじゃないか。

人類を救うということは、自分を救うということと同じです。個人人類同時成道《じょうどう》、というようにわれわれはしていこうじゃないか——これが私どものやり方です。

瞬々刻々の魂磨《たまみが》きを

体をきれいにするために、お風呂ずきの人は毎日入っていますが、身体を流すより魂を洗うほうがもっと大事なのです。身体のほうは三、四日お風呂に入らなかったりしても大したことはない。けれど魂のほうは毎日磨いていないと、どんどん垢《あか》が積もってしまう。もう私は悟ったからいいなんて、怠けていたら、どんどん積もってしまう。だからつねに瞬々刻々、自分を磨かなければだめなんです。いっぺん光をみたからいい、とか、いっぺん空《くう》のような気持ちになったからいいなんて、とんでもない。瞬々刻々磨くことです。

よく話しますけれど、黒住教の黒住宗忠神人に、私はいつも感心するのです。宗忠は講演会に行く途中、川にかかった丸木橋を渡ったというんです。そしたらグラグラッと橋が揺れたというんです。そしてアーッと思ったんですね。それでも落ちないで無事に川を渡った。そして渡りきってから河原に土下座して、天照大神におわびするんです。アーッと思って、自分の中の天照大神を驚かし、恐れさせて傷つけた。こんな申し訳ないことはないとおわびした。それが自分だけでおわびするんじゃないんですよ。講演会に来た信者さんに、〝自分はまだ至らないもの〟とあやまったというんですね。ちょっと驚いたということだけでね。いい話でしょう。素晴らしく偉い人なのに。いつも感心するんです。

どんなに地位が高くなっても、自分の魂が立派になったと思っても、つねに自己反省して、ただ自分の消えてゆく姿のものをつかんじゃいけませんよ。ああこれは消えてゆく姿だったな、これは消えてよかったな、これでますます自分は光ってゆく、というふうに、悪いことを虚栄心でなくて、ハッキリとつかまないといけない。

ふつう宗教の場合には、光明思想が完全にわかっていなくて、間違っていることがあるのです。いいことばかり摑もうとする。ところが現象面では、自分の中にはいい心と悪い心とありますし、この世界には善いことと悪いこととありますから、どうしても両方摑まなければ生きていけないわけです。だからハッキリ両方を摑んでいいんです。自分の中の悪いもの、人の中の悪いもの、あいつ悪い奴だとみてもいいのです。だけれども「あの人の悪い想いは、今、現われて消えてゆくんだな、どうぞ守護神さん、早くあの人が立派になりますように」、また自分に対しても同じように「自分が立派になりますように」とつねに、より立派になり、きれいになることを願いながら、世界平和の祈りで、朝、昼、晩、瞬々刻々、一瞬一瞬を磨きに磨いていく。

きれいな玉になって毎日をすがすがしく送る。自分を磨くことが世界人類のためになるのです。そのような磨きに磨かれた人が多くなればなるほど、自分の肉体を通して大光明波動が、地球、宇宙に拡がっていくわけです。そうすると悪いことをしようとしても出来なくなるし、戦争しようという想いもなくなるし、だんだん世界がよくなっていくのです。

（昭和48年6月10日）

神と人と一つになる祈り

行なうことが一番

百知《ひゃくち》は一真実行《いっしんじっこう》に及ばす、誠実真行万理《せいじつしんこうばんり》を識《し》るに勝《まさ》る——これは私が若い頃、守護神からもらった言葉です。行なうことは聞くことよりも読むことよりも大事だ、ということです。行ないが一番だというわけです。

ところがふつう一般の人々は、祈りということを行ないのうちに入れていないんです。祈りなんか、祈ったって、とすぐそういいます。祈りというのを知らないんです。世界宗教者平和会議(注12)に出ている連中がそう思うんですから。ところが一番大事なのは何かというと、祈りなんですよ。

祈りというのは生命《いのち》を宣《の》り出すということです。生命が生き生きすることが祈りですから、樹木など——松や杉などが立っています。それは祈りの姿そのままなんです。その祈りを知らないで、ただ願《ねが》い言《ごと》だぐらいに思っているわけです。万巻の書物を読み、話をいくら聞いても、祈りがなければ宗教の道に入ったとはいえないわけです。

宗教には祈りが根本の問題で、宗教で祈りがなく、ただ理屈だけ言ったんじゃどうしようもないわけです。感謝しなさい、とただ言われても感謝の行をしなければならないのと同じように、宗教の道は祈りが根本にあって、祈りから始まって祈りに終わる、というものなのです。それを端的《たんてき》にいったのが浄土門の浄土宗や浄土真宗の教えです。南無阿弥陀仏一辺倒、寝てもさめても南無阿弥陀仏、唱名念仏すべきものなり、あなかしこといいます。そういうのが宗教の根本なわけです。南無妙法蓮華経でも意味は違うけれども、行じ方は同じです。

そういう唱名とか祈りのない宗教はないんだけれども、いつの間にか祈りはどこかへいっちゃって、ただものを知ろうと思うのです。神界はどうなっているんだろう、霊界はどうなっているんだろう、そんなものを頭で知ることばかり考えるわけです。いくらアメリカやイタリアのことを聞いたって、実際に行って見てくるのと聞くだけとは大分違うんです。行けばじかに感じるわけです。たとえば食べ物が一番わかる。りんごの味はどうか、酸っぱくて甘くて……といくら聞いてもわかりませんね。食べるとすぐわかる。

それと同じように、祈りというものもやってみないとわからない。ところが皆さんはもうさんざんやっていらっしゃる。古い人は二十年以上もやっていますね。祈っていると理屈ではわからないけれども、知らないうちに心が感じ、体が感じて祈りの世界が本当にわかってくるわけです。

おじいさん、おばあさんだと言葉に出せないんです。祈ってどうですか。ええ、いい気持ちです。いいって、どんな気持ちですか？　ええ、いい気持ちなんです……。まあそんなところで、言葉ではいい現わせないけれど、体ではわかっている。ところが、若い人たちやインテリというか知性派の人は頭で知りたい。どうしても頭で納得しないとだめなんですね。それは勿論いいけれども、心と身体が納得すれば一番早いわけです。

知性派の人で考えなければならない人は考えてもいいし、いくら本を読んでもいいし、いくら話を聞いてもいい。ただそれを実行していかないといけませんね。宗教の道は何かというと、まず祈りの実行です。祈ると本当にわかるんです。わからないことがわかってくる。

自然と神のみ心と一つになる

百知は一真実行に及ばず――百知ることは一つの実行に及ばない。その一つの実行の一番いいことは、根本は祈りで、祈り心にのせて日常生活を運んでゆくことです。神様有難うございます、これは祈りなんですよ。神への感謝は祈りです。神様有難うございますという祈り心を根本にして、日常茶飯事を一生懸命やるわけです。神様への感謝を長くのばして、人類の安心立命を願って出来上がったのが「世界人類が平和でありますように」です。

世界人類が平和でありますように、というのは、すべての人に代わっての祈りです。すべてが平和でありますように、すべてが幸せになりますように、とすべての人の幸せを願うのが世界平和の祈りでしょう。神様のほうからは、みんなが平和で、みんな仲よくやれよ、というのが神様のみ心でしょう。それに応えて、こちらは、世界人類が平和でありますように、といって神様のみ心の中に入ってゆくわけです。ですから自ずから神のみ心と人間の心とが一つになるわけです。自然になるのです。そうすると天地一体になる、神我一体になる。理論的でもなんでもなく、当たり前の言葉として天と地が一つになる。

言葉というのは面白いんですよ。ナムカラタンノウトラヤァヤァといっても、オールシヤナベーロシャナア……という呪文みたいのをいっても、効《き》きめはありますが、言葉としては何をいっているんだかわかりませんね。意味がわかりません。ところが世界人類が平和でありますように、というのはわかります。子供でも誰でもわかります。ですから意識が反抗しないんですよ。なるほどなぁと思って潜在意識にもズーッと入ってゆくわけです。

表面の意識が反抗しないために潜在意識にズーッと入っていっちゃう。神様につながってゆくわけですよ。ナムカラタンってなんだい、南無阿弥陀仏はまだまだ先祖代々いわれていますし、非常に広くひろがっていますから、まだいいけれど、それでも南無阿弥陀仏ってなんだい、と思う人が随分あります。ですから意識が反抗しない祈り言葉が、一番深く簡単に通ってゆくんです。

それを神様のほうでも考えて、一番わかりやすい、世界人類が平和でありますように、という言葉にしたわけです。

みんな平和であれ、みんな仲良くしろよ、と光をパーッと下さっている。そこへ世界人類が平和でありますように、とこちらから願ってゆく。そこで自ずから一つになり、自ずから大光明が入ってくるわけです。それに加えて、私が神界と約束してありますから、なおのこと、世界人類が平和でありますように、という時にはそこへ大光明が来ているわけです。

何気なく祈りましょう

ただ祈る時に、自分がそんなことをいったって、私なんか、といってやっていれば、それだけ光が入るのは少ないです。だから無心に無邪気に、先生がそういうんだからそうだ、みんな先輩方がそうやって安心立命しているんだから、それをしましょう、と、それこそ理屈なしに、世界人類が平和でありますように、といっていれば、一〇〇パーセント光が来るわけです。その人に最もふさわしい光が来るわけです。そうするとその光明によって、まわりに集まってくるいろんな迷いの波や先祖や縁者などその人にまつわる業想念が浄まっていくわけなのですよ。だから何気なくでいいんですよ。居眠りしながらでもいいんですよ。夏は団扇を使いながらでも、冬はこたつにあたりながらでも、ストーブにあたりながらでも、あるいはテレビを見ながらでも〝世界人類が平和でありますように〟とやっていればいいんです。

私は若い頃、よく母親と二人で夜お祈りしていました。母親は念仏を唱え、私はその後ろで統一しているんです。母親は南無阿弥陀仏と居眠りしながらやっている。「早く寝なさいよ、眠いなら寝たらいいだろう」「お前さんこそ先に寝なさい。ナムアミダ……」。それでナムアミダやっちゃ居眠りしてんの。それが楽しい。居眠りしながら南無阿弥陀仏をやっている時の母親の嬉しそうな顔ったらなかったのです。極楽往生しちゃっているんです。

本当に往生する時は全く楽に往っちゃいました。九月十六日に亡くなったんだけれど、お昼のご飯を食べ終わって「ああ、おいしかったね。有難うよ、ご馳走さま」といって、ポンと倒れて、それでおしまい。ちゃんと食事をしてから往ったの（笑）。生きている間にいっていました。「私はね、ここにホクロがあるだろう（口のそばにホクロがある）。一生食べはぐれはないんだよ」と（笑）。食べはぐれはなかったのでしょう。お昼のご飯を食べてから往生したんですから（笑）。しかも神界からお迎えが来て、ズーッと天高く上ってゆきました。それは何故かというと毎日、寝ても覚めても唱名念仏でもって、年中、阿弥陀さんの中にいるわけでしょう。何をするんでも阿弥陀様でしょう。南無阿弥陀仏、南無阿弥陀仏……。だからいやでも応でもいい所へ往きますよ。

自分の魂の位置

皆さんは守護霊守護神さん有難うございます。世界人類が平和でありますように、って、人類愛の心を開いて、いつも守護霊さん守護神さんに感謝しているでしょう。だから守護霊さん守護神さんの位置にまでいかないわけがないんですよ。守護霊さんのところに必ずいくわけです。そこは霊界ですから、幽界にいくわけはないのです。守護霊さん守護神さん有難うございますと感謝していることは、そのまま自分の魂の位置がそこにあるということです。

「霊界なんかあるもんかい。死んだら死んだで、そんなのあるわけがないよ。肉体だけだよ、この世は」なんていってりゃ、その人が死んだら、その人には肉体の世界しかないわけですから、往った先がないわけです。自分で無いと思いこんでいるんですから、真っ暗な中で動きようがない。あるいは人の体へ自分のものとして住むか、どちらかしかないわけです。

皆さんのように守護霊守護神さんが守ってくださる、神様はいらっしゃる、と思いこんでいらっしゃる方々は、もう間違っても地獄にはいかない。守護霊守護神さんのところへ往く。もしうんと悪いことをしてて、地獄へ往かなければならないような業を背負っていたとすれば（大体死ぬまでに浄まってしまいますけれども）、それでも守護霊守護神さんを思いつづけていれば、やっぱり守護霊守護神さんのところへいっぺん上がるんです。それでお前は過去からこういう悪いことをしているから、いっぺんこの業を浄めなけりゃならない、サァいっぺん修行に行こう、というんで修行場へ行かされます。しかし、何年かすれば、守護霊さんのところ、いい世界へ往くことがわかっているから、同じ修行していても楽なわけです。もう一丁磨けばいい、もう少しやれば、高い処に上がる、というので励みがあるわけです。いつまでたっても救われるのか救われないのか、わからない。どうなるのか、皆目見当がつかないというのが、一番厭なわけです。まかり間違って、業を一杯背負っていて、何生《なんしょう》もやらなければならない人でも、守護霊守護神が肩替わりしてくれて、うまくやってくださるんだから、安心してください。

皆さんは大体きれいな体《からだ》が多いですね。体といっても肉体の体《からだ》のことをいっているのではありません。霊体のことです。肉体身だって普通よりは波動がズーッと細かいんです。なんの祈りのない人よりも微妙なんですよ。光の感受性が強いわけです。だから、ご安心なさって、世界平和の祈りをいつもいつもなさっていればいいわけです。

祈りは天変地異を防ぐ

一番大事なことは、地震があろうと、何があろうと、そんなものはあればあれでいいんだ、ちゃーんと神様が助けてくれるんだ、とお思いになればいいし、大体地震はないように神様がしてくれているんです。これ私が自分でいうのは厭だけどね、天変地異の波も含め地球の業《ごう》っていうのが体にもろにかかってくるの。それを私の体で浄めて、それが痰になったり、咳になったりして消えてゆくんです。私は自分の体を献《ささ》げているから「地震はない」と言い切っているわけです。

地震や天変地異や戦争を防ぐためには、やっぱり世界平和の祈りを皆さんが祈って、世界平和の祈りの大光明の波で天変地異になる、戦争になる暗い波を消してしまえばいいわけです。調整してしまえばいいわけです。まず私がさきがけて体を張ってやりますから、皆さんも世界平和の祈りを一生懸命やって、戦争や天変地異がないようにしましょうよ。

台風でも地震でも防げるんです。神様が助けてくれるんです。この光明霊団の中には龍神さんがたくさんいるんです。龍神さんは台風を担当していますので、ちょっと頼むと、変えてくれます。力がある人が頼めば聞いてくれます。だから皆さんが大勢でお願いすれば聞いてくださる。聞いてくださるというよりも、地球が汚れているからいろいろな悪いことがあるので、それが浄まれば何も悪いことはないんですよ。

そこで皆さんが、天変地異や戦争やいろんな禍事《まがごと》が起こるかわりに、皆さんの光でもってそれを浄める、代理をすればいいのです。わざわざ禍事《まがごと》さん来なくてもいいんですから、私たちが代わりにやりますからって浄めればいいわけです。台風さん来なくてもいいんです、私たちが代わってやりますから、と浄めればいいわけですね。

人間の心が正しければ大体悪いことはないわけです。今まで正しくなかったから、神様を離れた間違った想いで生きていたから、いろんなことが起こるんだから、今からでも遅くないから、いい心を出して、明るい心、正しい心、光を出して地球を大掃除すれば、悪いことがなくて済む。それは原理なんです。ですから、それをおやりになればいい。

私はまず体をはって、すべてをはって先頭に立ってやりますから、皆さん協力してやってください。

（昭和48年9月3日）

（註12）昭和45年10月、京都において開催された世界宗教者平和会議。著者は、この会議に日本の代表の一人として出席した。

質疑応答

問 祈っているのは本心でしょうか？　また守護霊守護神に感謝しているのは、本心でしょうか、業生《ごうしょう》のほうでしょうか？

答 祈る本体は本心です。自分のいのちそのものが祈るのです。祈るということは、いのちが開くということですから、本心、本体というものは、光り輝いているものですから、本心がこの世において、よけいに開いて働けるということです。

この世の中は業生《ごうしょう》にみちていますので、業生の波に押されて、縮まった働きしか出来ないわけです。それが祈りによって、本心が開き、大きく働けるということになるのです。もっと言いかえれば、祈りによってこの世に働いている本心の光が、天の光とつながるということです。そうすると間断《かんだん》なく天の光が流れてくる。それによって働きが大きく出来る。自分の持って生まれた天命が完うされるのです。

本心がそのまま立派に働けるのだから、祈るのは業生が祈るのではなく、本心が祈るのです。守護霊さん守護神さんに感謝するのも本心がするのです。だけれども、実際問題としては、やがては業生である想念も、本心も一つになって祈ってしまうわけです。

だからよく言うでしょ。雑念がいくら起こったって、祈ればいいんだ、もう気がなくたって「世界人類が平和でありますように」と祈っていればいいんだ、と言うでしょ。気がないほうが業生。力が入らない、いい加減にやっているのが業生のほうです。だけど実は、業生がやろうとやるまいと、本心のほうは、いのちが宣《の》り出している。いのちが働いているということは、祈っていることなのだから、本心は常に祈りつづけている。そこへ業生の自分が、ああ祈りなんてしょうがないけれど、よくわからないけれど、五井先生が言うからやってみよう、ってやっているわけです。

そうすると、やっているうちに、だんだん本心の光が外に出てきて、業生の自分が消えてゆくわけです。するとだんだん真剣な祈りになってくる。知らない間に、いつの間にか祈っている、という形になってくる。

いつの間にか祈っている、というのはどういうことかというと、自分の霊身を離れた業生がなくなってきて、知らない間に想いが本心と同化しているから、ひとりでに祈りが出てくる。だからいつでも祈るのは本心なのです。感謝するのも本心なのです。

本心を開くために、私なら私のような人が出てきて「祈りはこういうふうに、世界平和の祈りをしなさい。そうすると消えてゆく姿が一日も早く消えてゆくんですよ」と教えますね。そうすると、本当かウソかわからないと思いながら、いい加減な気持ちで祈る。それは業生なんです。業生が消えてゆく姿として祈っているのです。そうすると知らない間に、業生が本心と一つになると、業生はなくなり、この世の肉体の想いの波も、本心の波と同じになって、光り輝いてしまうわけです。

そうすると業生も本心もない。

（このあと、ある男性から体験談が報告されている。それは——

私は、本当に心から世界平和の祈りが祈れるものだろうか、本当に祈れたら素晴らしいものだが……という思いから、聖ヶ丘道場に通うようになりました。今日は統一会に参加しましてから、丁度四年目になる記念の日でございます。

この三月に二回目の錬成会を受けましたあと、自分が家で祈っております時、グウーッと肚《はら》から、うなるような、肚の底から〝世界人類が……〟という祈りが出てきているのに気づきました。おやおや今までと違うぞ、と頭のほうで考えておりますす間も、肚のほうで祈りがひびきわたっているのです。我ならぬ我が祈っているような気持ちでおりました。祈りを止めて食事をしながらでも、どこかで祈っておりました。これが本当の祈りだ、とわからせていただきました。

今まで、本当の祈りだとか、本当の祈りでないとか、そう思っていたのが間違いだと思い、世界平和の祈りというのは、光そのものだから、空念仏であろうが、肚の底から出なくても、とにかく〝世界人類が平和でありますように〟という祈りを祈っておれば、無限の功徳《くどく》があるんだ、とわからせていただき、今までの肩が張ったのがとれ、楽になりました。

――というものであった）

（昭和41年7月14日）

第5章

本心を開くために

神様の世界に入る

人間の実体は神界にある

人間は神界にもいれば霊界にもいれば、幽界にも肉体界にも同時に住んでいるのです。この真理はなかなかわからないでしょうね。肉体にはこの五感の目しかありませんから、これに映るもの以外のことはわからない。

ところが実際には、物を叩けば音がしますね。いろいろな音がする。この音には聞こえる音と聞こえない音とあるわけです。犬などに聞こえても人間には聞こえない音もあります。犬を呼ぶ笛がありますが、これを鳴らしますと、人間には聞こえないけれど、犬には聞こえる。そういう音のひびきが実際あります。

色でも見えない色と見える色とがあります。そのように、科学の世界においても、見えるものと見えないもの、聞こえるものと聞こえないもの、というのがあるわけです。この見えるもの、聞こえるものというのはみんな波動なのです。波なんです。波が聞こえ、波が見える。テレビを見れば一番わかりますね。

現在は、各家庭にテレビジョン受像機がありますね。放送局で放送するものが、何十里何百里離れていてもテレビに見えてくる。アメリカであったことでも見え聞こえてくる。何が見え、聞こえてくるかというと、波動が映ってくるわけです。音の波動、光の波動がマッチして映ってくる。実体はどこにあるかというと、テレビ局にある。

それと同じように、人間の実体は神界にあるわけでして、それがだんだんと肉体界に映ってきているわけです。それでこの世の中は現し世《うつよ》というのです。けれど肉体界に映る間に、いろんな階層があります。霊界にもたくさんの階層があります。幽界にもたくさんの階層があります。それらのいろいろな階層を通って肉体界に映ってゆくのです。だから真っ直ぐ映れば神様の姿がそのまま映ってくるのだけれども、人には前生《ぜんしょう》もあれば、前々生もあれば、ともかく過去世《かこせ》というものがあり、過去世でいろんなことをしておりますから、その蓄積されたものが幽界にもあるし霊界にもあるわけです。それが重なって映ってくるのです。

初めはきれいな白光《びゃっこう》の光で、光が発せられているんだけれども、途中でだんだんいろんな色がつきまして、要するに業がつきまして、それが肉体界に来る。そうすると、神様もわからない、肉体の他にはなんにも感じないような肉体人間になってしまうわけなんです。そのままでいたんじゃ神様の世界はいつまでたってもわからないわけです。そこで一遍、元へ返さないと、本当の人間の姿がわからない。

徐々に空になる

そういうことを聖者の皆さんは思いまして、お釈迦様は空《くう》になれ、といったわけです。

空《くう》になってなんにも思うな、空《から》っぽになると、初めて本当の仏の姿がわかるんだ、といいました。イエスさんは、全託しろ、全託すれば本当の神の姿がわかるんだ、といいました。老子さんは、無為《むい》にしてなせ、何をしよう、どうしようこうしようと思うんじゃない、そういう小智才覚を捨てたところで、初めて本当の姿がわかるんだ、といっています。聖者は誰も彼もみんな、肉体の想念知識を捨てることを教えているわけですよ。

何故そうするかというと、やっぱり本体を現わすためには、現われている肉体のほうをまずきれいにしなければ、本当の姿が映らないからです。そこで空《くう》になれ、というんです。

私は、空になれといっても、なかなか空になれない、あんまりむずかしすぎる、ということがわかった。私は想念停止という修行をして空になりました。空になったけれどさんざん苦労してなったんで、ふつうの家庭をもった人にはとても出来るものではない、というのがよくわかったわけ。一遍に空になるなんてむずかしいから空になるのも徐々になればいいから、それでは消えてゆく姿ということにしよう、ということになった。現われてくるあらゆる出来事、病気でも不幸でも災難でも、いやな想いでも、それはみんな過去世において溜《たま》った横の波が現われて、消えてゆこうとしているのだ。それで消えてゆく。消えてゆくと、どんどん消してゆくと、しまいには本体の光だけ、光明波動だけが残るんだ、と教えるわけです。

光明波動を余計に現わすには、常に神様の中へ入っていなければだめだ、自分の想いがいつもいつも神様の中へ入っていれば、愛と調和の神様のみ心の中に入ってさえいれば、早く消えてゆく。従ってどんどん光が充満してくる。

神のみ心に波長を合わせる

神様の中に入るといっても、摑《つか》みようがありませんね。それで神様の意志である、神様のみ心である地球の平和ということ、大調和ということ、そういう調和の波の中に入れば、神様の波に入ったと同じだから、それに、神様のほうで、世界人類が平和であれ、とおっしゃっているんだから、こちらは、世界人類が平和でありますように、という気持ちで、神様のみ心の波長に合わせようというので、世界人類が平和でありますように、という言葉が出来たのです。

だから、われわれが〝世界人類が平和でありますように〟という時には、神様のみ心の中へ入っているわけです。しかもそれにつけ加えて、守護霊さん守護神さん有難うございます、神様有難うございます、という感謝の言葉があります。感謝の言葉をもって神様のみ心の中へ入っちゃうんです。そうすると天と地がつながるわけです。

空《くう》になれとか、全託しろとか、なんとかいわなくても、消えてゆく姿で世界人類が平和でありますように、と思っていると、知らない間に自分の想いが、神様のみ心と一つになってゆく。そうしますと、いくら横の波の過去世の因縁が現われてきても、現われれどんどん消えてしまいますから、残るものは神のみ心がそこに残っている。そうすると個人の幸せもそこから生まれてくる。同時に世界の幸せもそこから生まれてくる。だからあまりとやかく理屈をいわないで、ただひたすらに〝世界人類が平和でありますように〟という想いで生きてさえいれば、いつの間にか自分も幸せになります。安心立命します。

安心立命が個人の最大の幸せ

個人の一番の幸せというのは、お金があるのは現象的には幸せですけれども、安心立命するということです。どんなことがあっても恐ろしくない。どんなことがあっても心が乱れない。そういう境地になるのが一番いいわけです。

どんなにお金があっても、病気になって、明日死ぬかもしれない、といったら、オドオドしますでしょ。だから一番いいのは、どんなことがあってもオドオドしない人間になることです。そうなるためには常に神様のみ心の中へ入っていなければならない。世界平和の祈りをやっていますと、いつの間にか神様が自分を包んで守ってくれている、という実感が出てくるんですよ。守られているという実感が出てくる。そうすると、自分が安心していつも悠々と生きられるようになるんですよ。

自分の幸せがそこに生まれてくる、それと同時に、世界人類が平和でありますように、という人類愛のひびきが地球にふりまかれるわけです。人類の幸せに貢献することになります。それを大勢の人がやっていれば、知らない間に世界の波が、争いの波が平和の波へ変わってゆくわけです。祈る人が多くなればなるほど早くなるわけです。そういう運動をしているのは私どもの会が初めてです。

単純だが深い内容

世界人類が平和でありますように、という当たり前な平凡な言葉を祈り言葉にしているのはどこにもない。頭を使いすぎて、他のいろんな祈り言葉をやるわけですよ。ところがこの世の中は、現われとしては単純な、有難うございます、と思うことが一番いい。感謝することが一番いい。ところがその有難うございますというような、当たり前の易しいことをやりたくないんですね。人間というのは、インテリになればなるほど、当たり前のことをやりたくない。なにかむずかしいことをいおうとする。

むずかしいことを易しい表現に現わすことが出来れば、その人は達人です。文章にしても、うまい文章家は現わし方は易しく現わす。読んでいてもすぐわかるように、しかも内容が深くある。うまい短歌でも、詩でも、俳句でも、みなそうです。単純にして中味が深い。だから本当の宗教というものも、単純にみえるけれど、中味は深い。

世界平和の祈りは単純そうにみえますけれども、中味がズーッと深いんです。この教えは深い深い中味なんだ、しかも易しく出来るんだ、ということを皆さんが念頭において、ひたすら世界平和一念で生きれば、否でも応でも幸せになります。もう理屈はいりませんね。理屈は消えてゆく姿です。

他力、自力も超える

他力でやっていて、自由に自分がやることとは矛盾しないか、という人がいましたが、初めっから神様から流れて分けられた命だから、他力といえば他力なんです。ところが自分がお祈りで神様の中に入ってしまうと、他力も自力もなくなっちゃうんですよ。自《おの》ずから動く、自分がやりたいと思う行ないと、神様がやらせたいと思う行ないとが全く一つになって、それで行なわれるようになるのです。ですから、やがては自分の思うまま、なすまに行なうことが、すべて神のみ心になってゆくというようになるわけです。

私でもそうです。やりたいと思うことは神様がやること、やりたくないと思うことは神様がやりたくないこと、そういうふうにズーッと何十年通ってきているわけです。皆さんもやがてそうなるわけです。そうなるためには、ひたすらなる世界平和の祈り、ひたすら祈りの中へ入ってゆく。それを根本にして、自由にやりたいことをやっているわけです。

今までは玉石混淆《ぎょくせきこんこう》で、業と神意識とがまざっていたものが、だんだん神の意識だけで行なえるようになるんです。自然になるんです。わざとやる必要はありませんよ。これは神がやったことかしら、業かしら、なんてそんなことをやっていたら生きられません。業も神意識もありゃしません。そんなこと考えないで、世界平和の祈りを根本にして、やりたいことをどんどんやる。世界平和の祈りをしながら泥棒をするやつはないですからね。どうしたっていいほうになっていきます。

世界平和の祈りを根本にして、自分の思うまま堂々と自由にやればいいんです。それで自分をだましてはいけませんよ。それぐらいいいや人間だからというのは、いわゆる業の人間ですから、消えてゆく姿にしなければいけません。自分をごまかさない。もし間違ったらゴメンナサイって、心の中で神様におわびして、それでやり直せばいい。これぐらい仕方がない、とかいって、自分をごまかすことが一番いけないことですよ。それでは絶対悟りになりませんから。そのつもりで、どうぞひたすらに世界平和の祈りをおやりください。

（昭和47年5月21日）

統一実修とは何か

統一の基本

ふつうは、統一といいますと、自分の想いが一つのところに集中すること、精神集中と考えられるのですが、私どもがいっている統一というのは、そういうのではありません。人間というものは、本来神の分生命である、神の大光明の光線の一つが現われているのだ、ということが私どもの統一の基本になっています。

そこで統一とは、と説明すると、神様の生命の中に自分が入ってしまう、神様にすべてをまかせる、ということです。

統、というのはすべるという意味です。一《いっ》なるものにすべての想いをまとめる、すべては一であるということです。

そういう意味から、仕事に没頭すればそれは仕事に統一したことになるけれども、それは単なる仕事の統一であって、大神様、大生命の中に自分が入ったわけではないのです。私どものいう統一というのは、大神様のみ心の中にすべてが入りきってしまう。いいかえれば、自分の本心の中に、あらゆる想いが入っていくということなのです。そういうようになるために修行するのが統一実修であり、この実修会なのです。

そこで、統一実修会でどういう気持ちになったら統一という状態か、という質問があったわけですが、人間というものは大神様から来ているけれども、神の光と自分の想いというものは別々になっているのです。

生命がここに働いて、心臓や肺臓などが自然に動いている。統一した調和した状態で動いでいるわけです。ところがまた別に、働いているのを眺めている自分があります。ああ今日も心臓さんがご無事で働いていらっしゃる、なんて健康の時には思いません。ところがちょっと悪くなると、ああ心臓がどうかしたのか、胃がヘンだな、という想いが出てくる。

この状態は、統一して働いているものから、想いが別に分かれている。そして、どうしたんだろう、どうしたんだろうと思う。このどうしたんだろう、こうしたんだろう、という想いは誰にでもあるのですが、その想いが統一をさまたげている想い、分裂している想いなのです。生命の流れと想いとが分かれている時には分裂しているのです。そこで〝消えてゆく姿〟という教えがあるのです。

たとえば、自分は悪いことをしているんじゃないかしら、今の想いは悪いんじゃないかしら、自分はいいんじゃないかしら、あいつはバカかしら、利口かしら、あの人はいやな人だ、こちらはいい人だ、と思う分別心、思慮分別する想いがあります。そういう想いがある時には統一がなってない状態です。しかし実際には生命がそのまま働いて、心臓も肺臓も動き、頭も活動しているから統一している状態であるわけです。統一している状態というのは、また生かされている状態でもあります。

人間というのは、いつも統一している状態の自分と、統一から分裂している想いと二つが同時にあるのです。そこでどうしたらいいかというと、この二つに分かれているものを一つにすることです。

心臓が動いているのをいちいち思いわずらう、肺が動いているのを思いわずらう、自然に働いているのを思いわずらう、そのような想いの側に自分を入れてしまったら、それは病気の状態です。それを逆に、思いわずらう想い、こうしちゃいけない、ああしちゃいけない、どうだこうだという想いを、生命がそのまま働いている側に入れてしまえば、統一した状態になるでしょう。

生命を乱す想い、生命をアレコレと思案する想いは分裂の状態だから、その想いは消えてゆく姿だよ、と私はいうのです。憎らしい、妬ましいという想い、思慮分別する想いが勝手に分裂しているのですから、それをなくせばいいわけで、昔は（今でもやっていますが）、空《くう》といって、坐禅観法して空になる練習をしたのです。空観というのは統一の修行です。

業想念を救世の大光明が消してくれる

その分裂している想いを、私は〝消えてゆく姿なんだ〟といっているのです。消えてゆく姿をいつまでも摑まえて、悟ろう悟ろうと思っても悟れるものではない。憎らしいと思ったら憎らしいが消えない。ああこれじゃいけない、いけないと思ったら、いけないが消えない。悪い悪いと思ったら悪いものが消えない。思うのは過去世の因縁が展開されて思ってしまうのだから、思うのは仕方がない。自分はだめだなと思うこともあるだろう、あいつは嫌なやつだなと思うこともあるだろう、こうしたらいいかああしたらいいかと思い迷うこともあるだろう、その想いは想いのままでいいけれども、分裂した想いのほうにそのままついていってしまったのではダメなのです。分裂した想いを消えてゆく姿にしなければだめです。

ああこれは統一している自分を乱す消えてゆく姿なんだなあと思う。しかしどこへ消せばいいか。消す場所がない。そこで、祈りの中に消しなさい、というのです。世界人類が平和でありますように、という人類の平和を願う大きな大きな人類愛の中に消しなさい。その人類愛の想いの中には何が働いているかというと、救世の大光明、大救世主の光が働いているのだから「世界人類が平和でありますように」という祈り心の中に、この消えてゆく姿の想いを入れなさい、ひっかかった想いも大光明の中に入れてしまいなさい、というのです。

それを繰り返し繰り返しやっていると、いつの間にか救世の大光明と自分の本心の光とが全く一つになって、業想念がだんだん消えて、しまいに、自然法爾《じねんほうに》に、そのまま無為《むい》にしてなせるようになるんです。それは完全なる統一、正覚といいます。仏の境地です。思いわずらうことが何もなくなって、そのままスッスッと生きていて、人のためになり間違いのない行ないが出来るようになれば、それは仏の境地です。

しかしその境地までは普通ではなかなかいかない。なかなかいかないといっても、そこまで行かせなければしようがない。全部が仏にならなければ世界平和にならないのだから、仏の境地にまでいかせなければいけない。いかすためにはどうしたらいいかといえば、たゆみなくたゆみなく消えてゆく姿で世界平和の祈りをして、いつもいつも救世の大光明のほうに、広いひろーい無限大の大光明のみ心の中へ、自分の消えてゆく姿の想いと、それにつかまっている想いをみんな入れなさい。繰り返し繰り返し入れなさい。

それには何も坐って統一している時だけではなく、あらゆる機会に大光明の中に入れる練習をしていれば、いつの間にか消えてゆくのです。

その一番やさしい方法は、自分一人でするのではなくて、この聖ヶ丘道場のような場所に坐って統一する時には、救世の大光明の光が能動的に天から送られてくるのです。そして業想念、思いわずらう想いをバーッと光で消してくれるわけです。ですから、こういう所で統一するとよけいに早く浄まっていくということです。

統一した状態と雑念

統一した状態というのには、いろいろな種類があります。例えば坐っていて、雑念が起こってくる。雑念が起こるな、起こっちゃいけないんだな、起こるな……世界人類が平和でありますように……なんて統一している場合がありますが、そうした場合に統一していないかということです。ああ雑念が起こっちゃいけないんだな、と思うだけではまだだめなのです。雑念が起こっちゃいけないんだな、ああ消えてゆく姿だ、世界人類が平和でありますように、と思った時には、それは統一しているのです。

いくら雑念が起ころうと、自分は統一していないんじゃないか、と思おうと、思うまいと、そのまま世界平和の祈りをしている、光の中に入っている、私の口笛をきいている、柏手をきいている。その状態になる時は統一している状態なのです。

自分の本心が光り輝いている。つまり統一している自分がある。ああ雑念が出てくる、これでは統一していないんじゃないか、だめじゃないか、という時は本心からちょっと首を出している状態。しかし、消えてゆく姿だ、世界平和の祈りをすればいいんだ、と思い返した時は、首をひっこめて、本心の中に入っている。瞬時でも、一分でも二分でも統一している状態になる。

それからまた雑念が起こってくる。だめだなあ、私は統一していないんじゃないか、足がしびれてきたなあ、私はだめだなあ、だめだなあとやっている。でも平和の祈りをしようと一生懸命やる。しかしまた雑念が出てくる。だめだ、だめだ、だめだとやっている。

要するに、聖ヶ丘で（あるいはお祈りのテープで）統一実修をしている時は、口笛のひびきが聞こえてくる。ああいい音だなあ、小鳥のようだなあ、いいなあという時には本心の中に入っている。そうやって繰り返すわけですね。

ですから、雑念が起ころうと、だめだなあという想いが起ころうと、それはかまわないのです。想いがいくら出てもいいから、世界人類が平和でありますように、という祈りの中に入る。あるいは口笛の中に入ってしまう。(注13) その時には、もう統一している状態です。

もともと統一している自分を再発見する

分裂しては統一し、分裂しては統一しているように見えるけれど、実は分裂するもしないもない、初めから統一しているのです。統一していなければ、肉体の働きがバラバラになってしまうわけです。心臓が動き、肺が呼吸し、胃腸が働き、血液が体中をめぐっています。それはいのちそのままが動いて統一し調和しているからです。だから統一していない人間はないのです。

もともと統一している自分を自覚する、再び発見する、そのために坐るわけです。統一実修をするわけです。本心、本体は神と一つに決まっているんだから、本体の自分を再発見することなのです。再発見するためには、やっぱり本心の働きを邪魔している業想念をなくさなければいけない。それは世界平和の祈りの中へなくせ、といっているわけです。

だから、いくら雑念が出てきても、それはかまわないのです。統一している自分とは関係ないのだから、雑念が出たら出たで、放っておけばいい。けれど放っておくことは出来ないわけです。癖ですから、どうしても雑念のほうに傾いてしまう。把われたら把われたでいいから、すぐまた世界平和の祈りをする。あるいは私の口笛の中に入っていく。そうすると、その時は統一した状態になるのだし、再発見したことになるわけです。それを続けてなれてくると、スーッと統一できるようになります。

ところが、統一実修会でいつも坐っていても、過去世からズーッと統一というものになれている人と、過去世では統一をあまりしなかった人とある。勿論、救世の大光明の神々と因縁があって、皆さんは集まってくるのですが、過去世において、あらゆる仕事をしたけれど、統一の修行はあまりしていなかったという人もあるわけです。そういう人は、なかなか統一が出来ないような感じがするわけです。また過去世で統一の修行をしたけれど、何かで失敗して、もうこんなことはゴメンだ、と強く思った人なども、なかなか統一が出来ない感じがするわけです。

過去世からのつながりで、一月《ひとつき》でスーッと統一できる人もあるし、統一したと感じる人もある。ある人は一年たっても二年たっても、十年たっても、雑念が起こっているような気がする。それは過去世からの練習によるわけです。

たとえば、今生で十年も二十年も坐っている人がある。しかし、なかなか或る境地に到達しない。ところが或る人は過去世からみると、何百年何千年やっているかわからない人もあるわけです。

前生で百年やり、今生では三十年もやっている。百三十年間ですね。片方は、今生では一年かもしれないが、前生をプラスすると三千一年かもしれない。そうすると、今生で三十年、五十年やったとしても、三千一年やっている人のほうが経験が豊富で修練されているから、上達が早いのは無理がないですね。そういったわけで、個人個人にはいろいろな差があるわけです。

しかし、救世の大光明は差別しないで、そのまま同じように光を与えているのです。ただ自分たちの修行の過程などで、勝手に差をつけているわけです。では差をつけなければいいじゃないか、自分で統一していると思いこめばいいじゃないか、という質問が出ると思いますが、そう思いこめないのです。ここがむずかしいところです。

消えてゆく姿の教えを有効に使う

自分は神の子なんだ、といわれたから、神の子なんだ、と思いこめばいい、というけれど、ハイ神の子です、とは思えない。それは何故かといいますと、やはり、過去世からの習慣の想いがあるからです。その習慣、想いのくせを変えない限りだめなのです。

例えば、自分は前に胃腸が弱かった、という想いがありますと、ちょっとお腹が痛いと、あっ私は胃腸が悪いんじゃないかしら、とすぐ思う。その想いのくせ、習慣を変えないうちは胃腸の弱さは治らないでしょう。「胃腸も肺臓も何もかも神様に任せたんだ、みんな神様のみ心のままになさしめたまえ」とお任せしてしまえば、悪くなってしまう。けれどそこまでなかなかいかないわけです。現われてくるものは、すべて過去世のものが消えてゆく姿なのだ、守護霊さん守護神さん有難うございます、世界人類が平和でありますように、とやって、習慣をだんだん変えていくことです。

Aさんなら Aさんという人が、自分は統一できないな、できないな、と思っているけれど、年中お山（聖ヶ丘）に来て、統一しているということは、実は統一している自分がわかっているんです。ただわからないと思おうとする想いが一杯あるのです。これは前生の関係です。問題はその思おうとする潜在意識もまぜた想いがなくなるまでなのです。
　はたから、なんだそんなことを思って、統一しているじゃないか、といったって、自分はしていないと思う時は統一していないのです。ところが、していないという想いも、やがて消えてしまって、知らないうちに、ああこれでいいんだ、という感じが出てくるのです。

　各人、全部統一の状態が違います。しかしあらゆる人が、ここに坐っている時は統一しているのです。ただ雑念は消えてゆく姿として出てくるだけです。足のしびれも、肉体の痛みも、みんな消えてゆく姿として出てくるだけで、実際は統一しているわけです。ということを認識するように努力する必要があります。それは自力というのではなく、努力するということで、当たり前の常識的な努力はしなければいけない。雨が降っても風が吹いても、統一会に出席するということは、それがそのまま努力であり、その状態は統一している状態です。

　統一会に行って統一しようかな、座談会に行ってお祈りしよう、という時には、もうすでに統一している状態なのです。何故かというと、神のみ心に入ろうと思っているので、本心からそれていた今までの想いが、スッと本道に入るからです。

雑念が出ても、なんでも、そんなことは問題じゃない、ということを認識してください。

（注13）祈りの中に入るということは、祈ることであり、口笛の中に入るということは、口笛に耳を傾けることです。

本心を開く

何が出てきても動揺しない

宗教の一番大事なことは、現象的な病気が治るとか、貧乏が直るとか、ご当人にとっては大事なようにみえますけれど、それよりもっと根本的なことは、何事があっても驚かない、何が出てきても動揺しない、という心境になることです。

何故そうなることが一番大事かというと、人間というものは、この現象の肉体界だけの生活をするんじゃなくて、幽界でも霊界でも神界でも、永遠の生命が何億万年、無限億万年、無限期間生き存《なが》らえていくわけです。ですから肉体人間として肉体にいる間だけ、今生の五十年、八十年だけが、病気がなかったり、不幸がなかったりする、それでいいっていうものじゃないんですね。過去世から背負っている借金、業です。その間違った想いの現われのものが、不幸や災難として現われたとしても——過去世に積んできたマイナス面、業というものは必ず現われなければならないものなんです。それがいつ現われるか、どういう形で現われるか、ということなんですよね。

たとえば百万円なら百万円の借金があったとする。百万円の借金をいっぺんに払えといわれたら、七転八倒の苦しみですね。ところが一万円払ったり、千円払ったり、五百円払ったり、少しずつ払ってしまえば、知らないうちに返してしまう、そういうものなんで、犯した罪、罪というとおかしいですけれど、間違いですね。過去世において犯したことが、なんにも自分を罰しないで（自分で自分を罰するのですけれど）自分を痛めないで、それで消えてしまうということはないんです。犯したものは自分で払う、借りた借金は必ず自分で返さなくてはならないように出来ているわけです。その返し方が大事なのです。

宗教の極意を正しく知る

それを宗教に入ったから、過去世に犯した業も何も払わないで、返さないで、まけてもらって、一生安楽で暮らすということはないんですよ、絶対に。そういう入り方だったら宗教に入っても何にもなりません。いかなる事態が起こっても、病気が来ようと、災難が来ようと、どんなことが起ころうと、心が動揺しない、ああ私は神様に守られているから、一番いい立場で現われているんだな、というふうに観念できるようになることが、宗教の極意なんです。

あらゆることが有り難く受けられるということが宗教の極意であって、単に病気が治ったり、貧乏が直ったりすること、それだけがいいんじゃない。そういう宗教の極意にふれて、そういう道に入って、自然に病気が治る、貧乏が直って、仕事が栄えてゆくのなら、それはまことに結構なんです。ですから初めに現象利益が目当てじゃなくて、本心の開発が目的で現象利益が自然に伴っていくという、そういうのが私の教えなんです。

こう思えば本心は開く

しかし実際問題としては、病気が治りたいとか、貧乏が直りたいとか、家庭が調和したいとかして来る人が多いわけですね。そういう場合は、遠くの人でたまにしか会えない人だと、すぐご利益があるんです。それで縁が深くて、ああこの人は一生ずっと一緒に平和の祈りの会をやっていくな、というような人は、チョコチョコご利益を与えないで、本心開発のほうが主目的になるんですね。それは離れませんからね。長い間かかってもいいわけなんです。その代わり、本心が深く開いていく、そういう導き方をするわけです。チョコッと来てチョコッと来なくなるような人は、案外パーッと利益を与えられる場合もあるんです。それは何故かというと、会う因縁が少ないからね。一回か二回しか会えないと、その場でパッと与えることがある。だから現象利益がチョコチョコ与えられるのもいいけども、チョコチョコ与えられない場合には、ああ私の本心を本当に深く深く開くために、神様が導いてくれるんだ、とそういうふうに思えばいいんです。そうするとますます本心が開いてくるんです。

何につけても、現われた事柄に対して感謝の想いが出て、一寸も動揺しなかったという気持ちになることが大事なんです。それが根本でないと宗教へ入ったことが、なんにもならなくなる。宗教へ入った、病気が治った、ご利益があった、ただそれだけで、それが有り難いと思っているんだったら、それはなんていいますか、取り引きなんです。お賽銭《さいせん》をあげているからご利益があるのは当たり前だ、ぐらいな神様との取り引きです。そういうもんじゃなくて、神様のほうでは、神様のみ心に合う、神様のみ心に波長が合うことによって、その人が本当の富を得、本当の幸せを摑む。その仲立ちをして導くのが宗教家であるわけです。

すべては本心開発に伴って向上

だから、私の宗教はあくまでも本心開発が主であって、本心開発に伴って病気が治り、不幸が直る。本心を開発すればどういうことになるかというと、この世の生活は勿論、安心立命します。安心して生きられる。それからあの世へ行っても、霊界へ行っても光明燦然と生きられる。永遠の生命を得るわけです。神様のみ心をちゃんとわかって、永遠の生命が光り輝いて生きられる、そういうようになる教えをするのが、私の教えなんです。

それが一番広くひろがりますと、世界人類が平和でありますように、みんなが幸せで、みんなが真実の平和な世界を作りますように、そういうふうに導いていくわけです。

だからといって、病気で苦しんでいる人に、そんなものはなんでもないっていうんじゃないですよ。病気で苦しんでいる人があったら、さあどうぞいらっしゃい、病気も治りますよ、とそうやって教えて結構。貧乏で苦しんでいる、あるいは家庭不調和で苦しんでいる人があったら、サァいらっしゃい、家庭の不調和も直りますよ、仕事もうまくいきますよ、と導いてもいいわけです。

ただこちら側としては、あくまでも本心を開発していくように導いてゆくわけです。その場でチョコッと病気が治ったり、チョコッと貧乏が直ったりすることを本願としていないわけですね。本心を開く、本心を開いていくに従って、貧乏も直り、家庭も調和していくという導き方をしてゆけば、もう不退転といって、いっぺん入ったら退《しりぞ》かない、動揺しない宗教信仰になるわけです。そういうふうに私は導いております。

（昭和42年6月26日）

あなたは創造主

本ものとニセもの

いつもいいますが、人間というものは、簡単にいえば二つになっているのです。なんの誰某《たれがし》という自分と、本心本体、神そのものである自分という、二つです。どちらが本ものであるかというと、神様である自分が本ものです。

よく、人間は神様になれっこないとか、人間だから仕方がない、といいます。しかし本当の人間というものは、神人というものは、神と全く一つなんです。ということは、この世の中に現われているものの中で、神様がお創りにならないものはないんです。本当のものは全部神様がお創りになった。それに神様の生命エネルギーを人間は持っていますから、そのエネルギーを使って人間が創ったものがある。それは何かというと業《ごう》なのです。

神様の中には、悪いものは一つもあるわけはない。神様は全体で、完全円満、大調和です。人間はその神様の分生命だから、調和そのままなんですよ。ところが実は、この世の中というものは、悪はあるし、不幸災難もあるわけです。

どうしてそうなっちゃったのか。それは人間が肉体に入ってきてから、神様の力を忘れてしまったのです。自分の本体を忘れてしまったのです。そして自分は肉体の人間だ、五尺何寸の人間だ、私とあなたは違う、AとBとは違うというふうに、みんな別々に考えているわけです。今でもそうでしょ。みんないのちが通い合っていることがわかりません。形が別だから、あの人と私とは違うと思っています。ところが底を探りますと、みんな一ついのちに結ばれています。そこであらゆる宗教は、みんな人間は兄弟姉妹だと、みんな一つのいのちに帰一するわけです。みんな神様のみ心の中にあるわけです。そういうことがわからないとだめなんです。

わかっていることの得

ここに五井昌久という肉体があります。肉体の私は皆さんと同じようです。皆さんより微妙です。皆さんの心がわかったり、運命がわかったりしますから、普通の肉体より上等は上等なんですけれども、やっぱり肉体は肉体です。ですから肉体は一つの道具なのです。本当の五井先生は何かというと、神界にいるわけです。本当の皆さんはどこにいるかというと、やっぱり同じ所にいるんですよ。やっぱり神界にいるんです。神界にいるんです。神様の中にいるんです。それが皆さんはわからない。私はわかっている、その違いなんです。

わかっているということは、大変に得《とく》なことです。わからないということは、大変に損《そん》なことなのです。自分に十億も百億ものお金があるのに、財布の中に千円しか持っていないと、千円だ千円だと思って、小さく細かくケチケチ使うわけです。実際は百億持っているのに、知らないから千円しか使えない。ところが私は無限億万円持っていることを知っているんです。だから平気なんです。お金にも把われない、なんにも把われない。

お金に譬《たと》えたけれど、力にしても能力にしても、素晴らしい力、能力を持っているのです。けれど自分は知らないで、少しの能力しかないと思っている。思いこんでいるから出せないんですよ。あると思っている人は出せるんです。

無限の能力がある

どっちが本当かというと、あるほうが本当なんです。何故ならば、人間の本体は神だから、神様のいのちをそのまま持っているんだから、いくらでもいくらでも、出せば出るんです。天にありますから、引き出せばいくらでも出てくるんですよ。それを引き出さない。自分はもうこれきりでダメだ。チョボチョボと出して、それでもって、私はダメですダメです、私は出来ません、ってなんでもかんでも、やらないうちから出来ません、とか、やりもしないで出来ません、といっています。案外、やれば出来るんです。

戦争中、力のない女の人が空襲の時、いくらでも力を出しました。戦争中はいろいろ苦しい想いをして、寝る時間も寝なかったり、食べるものもあまり食べなかったり、それでいて、今以上、力仕事を平気でしていたんです。ところが今は食べるものはたくさん食べて、栄養はたくさんつけて、充分に寝ていながら、昔よりズーッと力がないんですよ。ないんじゃなくて出さないんです。

一旦緩急《かんきゅう》、事あると力が出てくる。事があると力が出るということは、力があるということで、出《だ》し惜《お》しみしている。出し惜しみじゃなくて、力があるのを忘れているんです。自分に能力、才能、力がある、智恵もあるということを再び思い出すために、お祈りするんです。自分は神様の子であり、神様の分生命である、ということを思い出すために、一生懸命お祈りするわけです。

どういうものがお祈りかということを説明すると、本当は千億万の力がある、素晴らしい力があるということを忘れている。何が忘れさせているかというと、自分の肉体にまつわる想いなんです。肉体のほうにある想いがダメだダメだと思うんです。だからこの想いをどんどん毎日毎日神様のほうへ入れていく、それもお祈りの言葉にのせて入れておきますと、邪魔がなくなる。邪魔がなくなるに従って力がどんどん出てくるわけです。斎藤秀雄(注14)さんでも、私の所へ来た時には、唯物論者から抜け出して、ちょっと心霊科学などをやっただけでなんにも知らないわけですよ。知らないから力がない。ところが私の所でだんだん研究して、自分の力を開いていったわけです。なんにもなかったのが霊能が出てきた。絵がかけないのが絵がかける、字もうまくなる、すべてが向上してくるわけですね。ないものだったら向上しっこないでしょう。あるから向上するわけです。それは斎藤さんばかりじゃない、誰でもみんなあるんですよ。

皆さんはおそらく、百万の力があったとしても、出しているのは、たった三か五なんですよ。百万分の三か五ぐらいの力しか出していないんです。それで自分は一端《いっぱし》やっているつもりなんです。

自分自身をまず信ぜよ

そこで一番いいたいことは、神を信ずるとか、五井先生を信ずるとかいうことより先に、自分自身を信じること。これが先なんです。自分自身には力があるんだ、自分は神の子なんだ、自分は神の分生命だから、悪いことがある道理がない。あったとすれば神様とはなれていた時、過去世の自分の想いが消えてゆく姿として現われているんで、知らない前の業が現われているんで、神様を知って、自分が神の分生命だと知ったその日からは、本当は業はないんです。それを信じなければいけません。

神様の世界は完全円満であって、自分は神の子だから、素晴らしい能力があるんだ、ということを信ずることなんですよ。ところが信じられないでしょ。そういわれても信じられないから、信じて行なっている私のような人がいます。先覚者という、先にわかった人、ああ神と自分とは一つであるということがわかって、能力が発揮できた人、能力が出た人を、ああこういう人がいるんだな、それじゃこの人のいうこと、やることを信じよう、とこういうことになるわけです。

自分で自分の力を信じられる人は、誰も頼ることはない。自分で生きられるわけです。

自分の中の神様を出せばいいんだからね。結局、我を信ぜよ、とか宗教を信じろ、というのは、各々の自分の中の力を出させるために、宗教団体があり、教祖だとか、会長だとかがあるんです。自分自身でどんどん力が出せれば、誰もいらないんです。自分でやったらいいんです。

自分では出せない、と思ったら、じゃ五井先生を信じよう、五井先生のいうことは間違いないことだから信じよう、と信じればいいんです。

まず第一番に自分を信じる、ということなんです。自分が神の子であって、無限の力を持っているんだ、ということを信じることがまず第一なんだけれども、出来ないから先に力を出した人を信じる。その生きてきた道を信じる、その人の書いたもの、その人のしゃべることを信じて、ああそうなんだ、自分はやっぱり神の子なんだな、神の分生命なんだな、もしここに不幸や病気や災難が現われているとするならば、それは過去世の因縁が、神様の子であることを知らなかった時の想いが、神様を離れていた時の想いが、現われてきて消えてゆく姿なんだな、とこう思うんです。

自分の中からいいことばかり出す

皆さんは世界平和の祈りを知っていますね。だから自分が罪を作っているとか、自分が悪いことをしているとか、ということを一切帳消しにしなければいけません。

もし誤って人を恨んだとするならば、ああそれは過去世の因縁がここに現われてくるんだから、ああ申し訳ない、そんな心を起こしちゃいけないんだ、神様有難うございます、どうかあの方の天命が完うされますように、とパッとかえてしまう。悪い想いが出、悪い行ないが出るその時に、即座に、神様にあやまっちゃって、世界平和の祈りの中に入ってしまう。そうやって、常に常にいいものばっかり、いいことばっかり、自分の中から出すんですよ。

悪いことはどんどん消えてゆく姿にして、あとはどんどんいいことばかり思う。自分がなりたいようなこと、人がなってもらいたいようなことを思うのです。一番なってもらいたいことは、世界人類が平和であること、自分の天命が完うされることです。それを皆さんは気がつかないで、知らないうちに、世界人類が平和でありますように、日本が平和でありますように、私どもの天命が完うされますように、といって、一番自分の望むことを唱えているわけです。

それが毎日毎日、朝、昼、晩、歩いていても、電車に乗っていても、お便所の中でも、食事の時でも、いつでも、世界人類が平和でありますように、とやっていますでしょ。これはただ事ではない、大変なことなんですよ。大変に徳を積んでいることなんです。

あなたは創造主

何故かというと、人間は神様の子で、自分自身が創造主なんです。自分の運命を創るのは自分なのです。誰も他の人が自分の運命を創ってくれるわけじゃないんです。自分の運命はすべて自分が創るんです。どんないいことも、どんな悪いことも、みんな自分が創ったことで、ただ、ここに悪いことが現われてきた場合には、過去世の因縁として、これを自分の中に入れておかないで、消えてゆく姿で世界平和の祈りの中へ送りこんでしまえばいい。

だから悪が現われたり、不幸が現われたり、自分の中にいやな想いが現われたら、過去世の因縁として、パッと切りはなさないといけない。それで消えてゆく姿にして、お祈りの中へ入れてしまう。今の自分はいいことばかり、明るいことばかり、真のことばかりを思うんです。その一番最上のいいことが、

世界人類が平和でありますように

日本が平和でありますように

私どもの天命が完うされますように

という言葉に現われている、そういう想いなんです。

コトバは即ち神なりき。だからそれを言葉に現わすと、言葉通りの運命が自分に現われてくる、こういう簡単な原理です。あまりむずかしいことはないんですよ。

人間が立派になるのも、運命がよくなるのも、あまりむずかしいことはない。ただひた

すら、ひたむきにたゆみなく、倦《あ》きないで、世界平和の祈りをしつづけていれば、必ずよくなるに決まっています。

それは法然《ほうねん》、親鸞《しんらん》が南無阿弥陀仏《なむあみだぶつ》といえば必ずその人たちはいい所へ行く、といって教えたのと同じであって、それがもっと現代的にわかりやすく、しかも意義がハッキリとと〔ママ〕れるように説いているのが、世界平和の祈りなんです。ですから、この道をまっすぐ進んでいきましょう。

（注14）明治37年、東京に生まれる。大正15年中央大学商科卒業。おでん屋の皿洗い、菓子屋の配達小僧を経て、商社、メーカー、十数社を創立。病弱のため、医師に見離されたこと数回、死んで地獄の苦しみを体験、また天国に行き、菩薩界の修行の厳しさを教えられ、再びこの世に戻された。宗教と科学を一つに結ぶ祈りによる世界平和運動にただ一筋に挺身。昭和59年、昇天。著書に『霊験巡講記』がある。

質疑応答

問　悟りの境地というのはどういう状態でしょうか？

答　霊界が見えたり、神界が見えたりすることとは全然別に、それはまた別の話で、心は明るく、柔かく、澄んでいる。心がスッキリしている境地が悟りなんです。今日、嬉しい嬉しい、ああこんな嬉しい時はない、といい、あくる日になると、ああさびしいさびしいさびしい、なんていうのではだめでしょう。平均して、いつでも、今日も明日もあさっても、心がスーッと澄んでスッキリしていることです。

たまたま何か想いが出てきても、それがスーッと消えてゆく姿で通りすぎてしまう。あらゆる厭なこと、嫌いな想い、暗い想いは、本心の前を通りすぎてゆく影にすぎない。

うつるもの自ずうつりておのず消ゆ己れは澄みてたゞひそかなり

という私の歌があります。スーッと通りすぎていくだけ。それをやらなきゃだめです。何か不幸や悪いことがありますと、想いのほうは乱れますね。子供が怪我した、アーッと誰でも思います。何か悪いことがあればサッと乱れますよ。しかし、それは本心が乱れるんじゃなくて、想いがとたんにおびえている。おびえているのは想いであって、本心はシッカリしているのが、自分でわかってなければだめです。本心はおびえていない、ということが自分でわからなけりゃだめですよ。

想いを神様の中に入れる練習を

ああ想いが乱れているな、それは消えてゆく姿だな、とひょっと本心のほうで思って、そのまま流していく。悪いことがあったとたんには、誰でも驚くと思うんですよ。それはそれでいいと思う。ある日、勝海舟《かつかいしゅう》が刺客に襲われるわけです。が、それを無事しりぞけた。それである人が「勝先生は誰に襲われても、ちっとも驚かないんですね」といったら、「いやそんなことはない。俺はびっくりしてふるえ上がっているんだ」っていった話があります。やっぱり勝にしたって、誰にしたって、どんな剣客だって、大勢の人間に襲われれば、とたんはびっくりしますよ。だけどすぐ立ち直ってしまう。それは俺は強いんだ、と思いますわね。だからしっかりします。誰にも負けないと思うから。

皆さんは神様の子なんで、本心は神様なんです。ああ私たちは神の子なんだ、というふうに本心の中に入ってしまえば、初めは驚くけれど、すぐ立ち直る。古い話だけど、二十何年前に空襲がありましたね。B29が飛んできます。初めブーッと警報がなりますと、驚きあわてます。そのあと、何分かすぎるとみんな落ち着いちゃって、ちゃんと防空態勢に向かった。

初めは驚くでしょう。それは仕方がないけれども、第二段階にはすぐ立ち直って、神様の中に入っちゃう。想いが神様の中に入って、神と一体になるという、そういう練習をする必要がありますね。その練習をするにつけても、すべて有り難いんだ、みんな消えてゆく姿で神様の世界にはいいことしかないんだ、有難うございます、というように思える練習をすることが第一番だと思うんですよ。

問　**悟っても個性というものは続いているのでしょうか？**

答　個性はいつまでも存続します。ただ広がってきます。個性というのは、色でいえ

ば赤系統の人もあれば、青系統の人もあれば、黄色の人もある、というように七

色の色合わせみたいなものです。別の言葉でいえば、イの神様の系統もあれば、ロの神様

の系統もある、ハの神様の系統もある。そういう個性です。

柔かい柔軟性をもって生きていく人、厳しい生き方をする人、面白い生き方をする人と

いろいろありますね。やさしい人もあります。速いスピードで歩く人もあれば、ゆっくり

しながら、ちゃんと思うことをなしとげている人もある。みんな個性ですよね。

要するに高く上れば上るほど、マイナスのほうがなくなってくるわけです。個性はいつもあるのです。個性をもったまま神界で生きているんです。

もっといい例をいいますと、皆さんがそこに坐っていらっしゃる。だけど同時に、神界霊界でちゃんと働いているんだ、ということをいつも思いなさいよ。そうすると、亡くなる時に気が楽ですよ。肉体の私よ、さようなら、霊界の私よ、こんにちは、っていけばいいんですから（笑）。そういうもんなんですよ。だからなんにも恐いことはないんです。

こわいから祈るのではない

私ども世界平和の祈りをして、なんとか地球をつぶすまい、地球を存続させて立派なものにしようと思うのは、自分たちがこわいからじゃないんです。自分たちは霊界へいけばいいし、神界へいけばいいんでしょう。往く先がちゃんとわかっているんだから、いつ地震があっても何があったとしても、ハイさようなら、と向こうへいきゃいいんだから楽なもんです。だから自分たちのためだけにするんじゃないんです。世界のすべての人のためにするんです。

世界には悟らない人がワンサといるんです。神界も霊界も知らない人がワンサといるんです。そういう人たちは大地震が来たり、天変地異が来たり、戦争が起きて、つぶれたり、殺されたりしたら、大変苦しむ、阿鼻叫喚です。そうしたことが少なくなるように、われわれは世界平和の祈りの運動をしているわけです。だから皆さんも自分のことを恐れることはありませんよ。そういったってまだ恐ろしいんだよね、実は（笑）。この間も地震があったでしょう。少なくともうちの古い人はビクビクしないと思います。グラグラとくると、五井先生！　という。グラが止まりますよね。パッと思うことはとても助かることです。

何が来ようとちっとも恐くない。そこでたとえば、もし肉体が亡くなるものであったら、それは向こうの世界の自分に帰ってゆくだけだから、なんにも心配ない。それは自分ばかりじゃありません。自分の親にしろ、子にしろ、兄弟にしろ、何にしろ、みんな向こうにいらっしゃるんだから、亡くなった人があっても、ただ悲しんでいるだけじゃいけません。「うちの母もあちらへ帰って、あちらでやるんだな、父もあちらへ帰るんだな、どうかあちらの世界で、本当に明るく生きられますように、天命が完うしますように」と祈ってください。

真理がわかれば楽なもの

天命というのは、この世もあの世も通してありますから、天命が完うされますように、といえばいいわけです。そういうようにのびのびと大らかにこの世を生きながら、しかも世界平和の祈りの運動をドンドン広げていけば、この世はやがてよくなります。あせる必要はなんにもありません。どうせやるのは神様のほうでやるんですから、救世の神様のほうで、皆さん方を使ってやるんです。皆さんを直接使うというより、守護霊守護神を通して、皆さんに力をつけるわけです。

皆さんは真っ直ぐには直霊とつながっているし、外面的には守護霊守護神が応援してくる。その真理が本当にわかれば楽なものです。人間は動物と違いまして、自分で自分の運命をどうにも出来るんです。動物はそういきませんよ。殺されれば殺されたままでしょう。動物が守護霊さん守護神さんなんていわないんだから。いっているかもしれないけれど、あんまり聞かない。

人間は自分の想いでどうにでも出来るんですよ。動物は自分の想いで運命を変えるなんて出来ませんね。人間だけはいくらでも変えられるんです。大変な違いです。そういう特典、特権というものを持っている。だから人類は有り難いんですよ。ですから人間は動物を一生懸命可愛がってやる必要がありますよね。

人間と生まれたことの幸せをしみじみ感じて、守護霊守護神さんに感謝しながら、世界平和の祈りを祈りつづけてゆけば、教義(注15)を実践していけば、この世でもあの世でもその人は必ず幸せになります。

（昭和49年3月4日）

（注15）　人間と真実の生き方。巻末参照。

参考資料

人間と真実の生き方

人間は本来、神の分霊《わけみたま》であって、業生《ごうしょう》ではなく、つねに守護霊《しゅごれい》、守護神《しゅごじん》によって守られているものである。

この世のなかのすべての苦悩は、人間の過去世《かこせ》から現在にいたる誤てる想念が、その運命と現われて消えてゆく時に起る姿である。

いかなる苦悩といえど現われれば必ず消えるものであるから、消え去るのであるという強い信念と、今からよくなるのであるという善念を起し、どんな困難のなかにあっても、自分を赦《ゆる》し人を赦し、自分を愛し人を愛す、愛と真《まこと》と赦しの言行をなしつづけてゆくとともに、守護霊、守護神への感謝の心をつねに想い、世界平和の祈りを祈りつづけてゆけば、個人も人類も真の救いを体得出来るものである。

世界平和の祈り

世界人類が平和でありますように
日本が平和でありますように
私達の天命が完《まっと》うされますように
守護霊様ありがとうございます
守護神様ありがとうございます

第１図

宇宙神（大神さま）は、まず天地に分かれ、その一部の光は、海霊《うみだま》、山霊《やまだま》、木霊《こだま》と呼ばれ、自然界を創造し、活動せしめ、その一部は、動物界を創造、後の一部の光は、直《ちょく》霊《れい》と呼ばれて、人間界を創造した（第１図）。直霊は、各種の光の波を出し、霊界を創り、各分霊《ぶんれい》となり、各分霊が幽界、肉体界を創造した。その過程において、各分霊は、自ら発した念波の業因《ごういん》の中に、しだいに自己の本性を見失っていった。そこで、直霊は自己の光を分けて、分霊たちの守護神となし、守護神は、最初に肉体界の創造にあたった分霊たちを、業因縁《ごういんねん》の波から救い上げた。この分霊たちは、守護霊となり、守護神に従って、ひきつづき肉体界に働く後輩の分霊たちの守護にあたることになった。そして分霊の経験の古いものから、順次、守護霊となり、ついには各人に必ず一人以上の守護霊がつくまでになって、今日に及んでいる（第２図）。

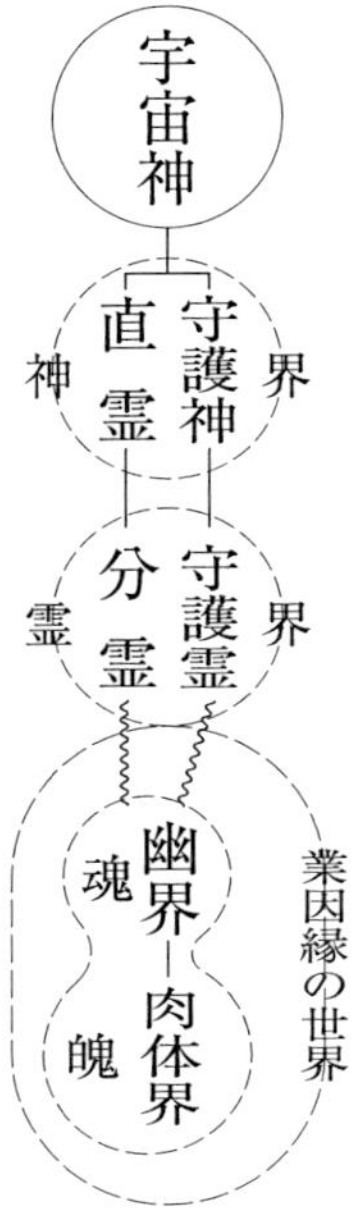

第２図

著者紹介：五井昌久（ごいまさひさ）

大正５年東京に生まる。昭和24年神我一体を経験し、覚者となる。白光真宏会を主宰。祈りによる世界平和運動を提唱して、国内国外に共鳴者多数。昭和55年８月帰神（逝去）さる。
著書に『神と人間』『天と地をつなぐ者』『小説阿難』『老子講義』『聖書講義』等多数。

発行所案内：白光（びゃっこう）とは純潔無礙なる澄み清まった光、人間の高い境地から発する光をいう。白光真宏会出版本部は、この白光を自己のものとして働く菩薩心そのものの人間を育てるための出版物を世に送ることをその使命としている。この使命達成の一助として月刊誌「白光」を発行している。

白光真宏会出版本部ホームページ
https://www.byakkopress.ne.jp/

白光真宏会ホームページ
https://www.byakko.or.jp/

ご感想とアンケート（愛読者カード）
https://www.byakkopress.ne.jp/aidokusya/

内なる自分を開く——本心開発メソッド

平成十八年一月二十五日　初　版
令和　六　年十二月十五日　三版　一刷

著　者　五　井　昌　久
発行者　吉　川　　譲
発行所　白光真宏会出版本部
〒418-0102　静岡県富士宮市人穴八一二—一
電　話　〇五四四（二九）五一〇九
ＦＡＸ　〇五四四（二九）五一一二
振　替　〇〇一八〇・八・一六七六二一
印刷・製本　株式会社インプレッソ

ISBN978-4-89214-226-0 C0014
d3